英語ライティング実践講座

ケリー伊藤 著

Write the way you talk

KENKYUSHA

話すように書く

英語を「書く」というと、構えてしまって尻込みをする人が多いと思いますが、あまり堅苦しく考える必要はありません。何かを相手に伝えるという点では話すのも書くのも同じです。ましてや今、米国では **Write the way you talk.** というのが主流です。

英文ライティングの本でしばしば見かける、I would really appreciate it if you could help me. のような文体は、昔ながらの「候文」に相当し、現在の米国ではだれも書き言葉には使いません。もし日本人と取引のある米国人がこう書いてきても、それは相手に合わせているだけなのです。同じ人が米国の取引先に対して、こうした形式張った文を使うことはまずあり得ません。

それでは、依頼文として一番ていねいな文とはどんなものでしょうか。私ならI wonder whether you could help me. つまり I wonder whether ～ の文をすすめます。これも一種の仮定法ではありますが、前述の例ほど堅くもったいぶった言い方ではありません。

日本語にとらわれずに書く

日本人が英語で書くということは、「日本語で考えている」ことを「英語で表現する」ことを意味します。ただし、その際に注意すべき点は、日本の学校で行われてきたような、日本語と英語の一対一対応のいわゆる和文英訳ではなく、まず **Detach ideas from words.** することです。

ある1つのideaがあるとき、単語単位ではなく、**ideaを中心として「日本語ではこう言うが、英語ではこう言う」**という対比をするのです。つまり、言葉1語1語の表面の意味にとらわれることなく、**意図をくみとること**が決め手になります。

はやり言葉に直せば**「英語モードにする」**ということと同じです。

　Detach ideas from words. の一番簡単な例は朝のあいさつです。「おはようございます」は英語でGood morning. だということはだれでも知っています。It's early. などと言う人はいないはずです。逆にGood morning. を日本語に訳して「良い朝」と言う人もいません。このような対比をすべてに当てはめるわけです。

　例えば、写真を撮っていてフィルムが「なくなった」とき、日本語では「もうフィルムがないよ」と言いますが、この場合のideaは「フィルムを使いきった」ということです。これを英語ではfinishを用いてThe film is finished. と表現するのです。

　もう１つ、日本語から英語にする際にはどうしても**足し算引き算が必要になります**。つまり、日本語では述べない情報を英語で足したり、逆に日本語では述べていても英語では省略する情報があるということです。引き算の例を、私がよく研修で使う日本文で見てみましょう。

　「この建物は特別な場合を除いて、どなたでもお入りになれます」

　「特別な場合を除いて」は、「ふつうは」「ふだんは」ということになります。では「ふつう」でない場合とは、どんなときでしょうか。例えば休館日や工事中などがそうですね。しかし、そうした場合、中に入れないのが当たり前ですから、英語ではあえて言う必要はありません。

　この日本語の文章のideaは、建物が一般に公開されているということです。つまり、この日本文をDetach ideas from words.すると「この建物は一般公開されている」となります。これを英語で表現すると、This building is open to the public.となります。

　Detach ideas from words.が理解できて、いざ英文で表現するというときには、次の３つの点に注意してください。**１）主語が大事、２）動詞を生かす、３）１つの文には１種類の情報**。では、これらの具体例を以下に示してみましょう。

「主語」の選択が大切

　英語の文章は**主語を何にするか**ということがとても重要です。というのは、**主語によって文の性格が決まってしまう**からです。それに比べて、日本語では主語はあまり重要ではありません。

　英語で主語がいかに重要か、次の２つの英文を見てください。

1) Everybody in the class speaks two languages.（能動態）
2) Two languages are spoken by everybody in the class.（受動態）

　この２つの文は能動と受動の違いだけで、一見同じ内容のようにとれますが、実は意味が全く異なるのです。
　1) は「クラスのだれもが２つの異なる言語を話す」の意味です。もう少し具体的に言うと、その話す２つの言語は人によって違うわけです。つまり、ある人は日本語と英語、ある人は英語と中国語というように。
　2) の文は「２つの言語がクラス全員によって話される」、つまり、あらかじめ２つの言語は、例えば日本語と英語のように決まっていて、その２つの言語をクラス全員が話すという意味です。

🖉 動詞は「基本動詞」を優先

　さて、主語を決めたら次はそれを受ける動詞です。とにかくだれでも知っている**基本動詞を使うよう心掛けましょう。**
　皆さんが日本語から英語に表現し直す場合、どうしてもひっかかるのが漢字熟語です。前述した学校英語の影響で、漢字熟語を見るとそれに相当するような高尚な表現が英語にもあるのではないかと思い込んでしまう傾向があります。
　さらに悪いことに、一般の和英辞典は一対一の対応になっているので、英語が母語の人なら一生に一度使うか使わないかという表現、あるいはSAT（Scholastic Aptitude Test：米国大学進学のための学力テスト）の試験でしかお目にかからないような難しい表現が並んでいます。
　例えば、株の「下落」というと「下落」にあたる英語は何かと考えてしまうのです。あるいは「証拠隠滅」というと「隠滅」にあたる語は何だろうと思いますね。しかし、これは日本語の特徴であって、英語にはないことです。
　英語は「落ちる」という現象を表す語には何が落ちてもfallでよいのです。株が落ちてもコップが落ちてもfallなのです。同様に何かを跡形もなく壊すのは対象が何であってもdestroyなのです。花瓶を壊そうが家を壊そうが証拠を壊そうがdestroyなのです。
　ただし、同じ「落ちる」でも、どのような落ち方をするかを表現する、異なる動詞が存在する点が要注意です。言い換えれば、日本語では副詞を使って表すのに対して「howの部分を含んだ動詞」が存在するのです。「歩く」にしても、walk以外に

stagger（よろよろ歩く）、tiptoe（忍び足で歩く）、trudge（重い足取りで歩く）、stroll（ぶらつく）、shuffle（足を引きずって歩く）などの動詞が存在します。これらをうまく使い分けられることが生き生きとした英語表現にする重要な決め手になります。

とにかく、皆さんが中学校で学んだはずの基本動詞を上のような概念でとらえ直してみることをおすすめします。例えば、putは「置く」ではなく「位置の移動を表す」と覚えるのです（これには英語学習者向けの英英辞典を使う）。そうすると put で次のようなことまで表現できることに気がつきます。

「彼は仕事より家庭を大切にする」なら、He puts his family before his job. となります。また、「私たちの住む日本の社会は、個性を重んじるよりもむしろ他の人とうまくやってゆくことに、より大きな価値を置く社会だ」という、一見複雑な英作文の問題でも、基本動詞のcomeを使って、In Japan, conformity comes before individuality. と簡単に表現できます。

✎ 1つの文には1つの情報

主語と動詞が決まったら次は**情報の並べ方**です。1つ例を挙げましょう。「彼は半年ぶりで奥さんに会える日を、今楽しみに待っている」。

これを、Put one piece of information in one sentence. の観点から考えると、上記の日本文には2つの内容が含まれていることがわかります。「半年ぶりで奥さんに会う」という事実（fact）と、「それを楽しみに待っている」という彼の気持ち、つまりその事実に対してどう思っているか（comment）が一緒に語られています。英語では、factとcommentは別々にして、2つの文章で言わなければなりません。

この日本文を英語で表現すると、He is going to see his wife for the first time in six months. He is looking forward to the day.（He is looking forward to it）となります。1つの文に情報を入れすぎないようにすることが大切です。

✎ パラグラフの構成を理解する

最後にparagraphについて少しだけ触れておきます。Put one piece of information in one sentence. と同じ論理で、英語の文章では**「1つのparagraphに、1つのtopic」**が決まりです。

日本語では段落の最後に要点をまとめているのに対して、英語ではまず**パラグラフの一番最初の文章**が、たいていの場合、**topicを端的に表す文**（これをtopic sentenceと言う）になっています。次にそれを説明するdetail sentenceが続きます。

結論が先、その後に説明という流れです。1つのパラグラフに、あれこれ詰め込んでしまうと何が言いたいのかわからなくなってしまいます。英語は論理的な言葉ですので、これらの点にも気をつけてください。

なお、パラグラフについて詳しくお知りになりたい方は、同じ研究社から出版されている拙著『英語パラグラフ・ライティング講座』をご一読ください。

🖉 文法・語法が大切

日本人は学校英語が文法偏重と言われているためか、どうも文法を軽視するきらいがあるようですが、とんでもないことです。だれが見ても恥ずかしくないような文を書くためには、**文法や語法が不可欠**です。

日本語は数の概念が乏しいため、私の研修に参加する方々もほとんどの人が名詞の可算・不可算を意識していません。まずいことに、英語では**1つの名詞が意味によって、可算名詞になったり不可算名詞になったりします**。また、単数形で用いる場合と複数形で用いる場合で全く意味が異なる名詞もあります。例えば、security は不可算名詞では「安全・警備」ですが、「証券」の場合は常に複数形で用いて securities となります。security company は警備会社で、証券会社は securities company です。また、sanction は不可算名詞では「認可」の意味ですが、「経済制裁」などという場合は economic sanctions となって常に複数形になります。同様の英単語が数多くあるので、必ず辞書で確認することが必要です。

動詞には、使い方、つまり**語法の型が決まっている**ので、これも辞書で確認しながら使うことが必要です。例えば、inform は、[inform 人 of 内容] という型が決まっています。**型を無視して使うことはできません**。

🖉 input を増やす

よい英文を書こうと思えば、ご自分の中に**よい英文の input がなければ書けません**。あたりまえですが、知らない表現は使うことはできません。何も名作を読む必要はありません。インターネットを利用して、**現在メディアで使われている英文にできるだけ触れてください**。

CONTENTS
目　　次

はじめに **iii**

chapter 1 書き始める **1**
 part 1 主語の選択　**2**
 part 2 主語の選択 ―― 受動態の考え方　**7**

chapter 2 文章の書き方 **11**
 part 1 句読法① **comma**　**12**
 part 2 句読法② **semicolon** と **colon**　**18**
 part 3 句読法③ **apostrophe** と **hyphen**　**24**
 part 4 接続詞　**31**
 part 5 代名詞（**It, This, That**）　**35**

chapter 3 無駄を省く **39**
 part 1 重複を避ける　**40**
 part 2 明確な主語で使う　**44**
 part 3 **cliché** を避ける　**49**
 part 4 **jargon** を避ける　**54**
 part 5 動詞＋名詞を避ける　**59**
 part 6 抽象から具体へ　**63**

chapter 4 日本人英語からの脱却 **67**
 part 1 フォーマルな文体　**68**
 part 2 **Politeness**　**73**

chapter 5 英語ライティングの実践 **79**
 part 1 **e-mail** の書き方5か条　**80**
 part 2 **e-mail**・手紙の書式　**83**
 part 3 依頼　**90**
 part 4 承諾・断り　**96**
 part 5 確認・訂正　**103**
 part 6 お礼　**109**

part 7　催促・クレーム　115
part 8　陳謝　123
part 9　照会・推薦　129
part 10　お祝い　135
part 11　お悔やみ・お見舞い　140
part 12　締めの表現・結びの表現　146
part 13　お知らせ　151

chapter 6　効果的に書く　155
part 1　**parallelism**　対句　156
part 2　**rhetoric**　修辞法　160

Don't例文集　177

復習のための例文集　188

謝辞　198

column

1. スピーチ　23
2. 「オフィス」考　43
3. リスクの顕在化　48
4. I'm afraid　53
5. 人物描写の表現パート1　58
6. 人物描写の表現パート2　72
7. 動詞の文型　77
8. カタログパート1　89
9. カタログパート2　150
10. 無駄な表現　154
11. 代名詞　176
12. 最後に　187

chapter 1
書き始める

PART 1 主語の選択

「はじめに」で述べたように、英語の文章では、**主語によって文の性格が決まってしまう**ため「主語を何にするか」はとても大切です。

以下の英文は日本文のideaを正しく伝えているでしょうか。適宜、訂正してください。どういう状況で使われている文か、ガイドを参考にしてください。

[日本文]
そこまで歩いていけますか？

[ガイド]
旅行中、宿泊先のホテルのコンシェルジェで、穴場のレストランを紹介してもらいました。ホテルの近辺のようですが、歩いていけるぐらい近いのかわかりません。そこで係の人に尋ねました。

Can I walk there?

Is it a walking distance?
Is the restaurant close enough to walk to?
Is the restaurant nearby [close by]?

解説

　Can I walk there? は、文法的には正しい英文なのですが、質問の意図とは異なっています。これでは、「私がそこへ歩いていってもいいですか」と、ホテルの人に許可を求めていることになってしまいます。

　まず、主語が I になっています。しかし尋ねたいのはそのレストランが歩いていける距離にあるかどうかです。こうした場合、I を主語にすると、全く違う意味にとられてしまうので要注意です。

　もう1つの問題は助動詞 can が使われていることです。**助動詞はその文を述べている人、つまり話者の気持ちを表す**ので、相手に対して can かどうか尋ねているということは「私が歩いていってもいいか」という意味に解釈される可能性があります。

　ここで話者が意図しているのは、「ある場所が歩いていけるほど近い距離か」ということです。つまり、**客観的に事実を尋ねているだけ**なのです。

　修正するにあたって、まず主語には「そこ」をもってこなければなりません。あるいは「そこまでの距離」を頭に置いてもよいでしょう。単刀直入に距離だけにしぼって言えば、Is it a walking distance? となります。

　あるいは、具体的な目的地を主語にすれば、Is the restaurant close enough to walk to? となります。

　このとき、会話なら close by や nearby を使って Is the restaurant nearby [close by]? とするのも一案です。

　他に役立つフレーズとして、walking distance を within walking distance of ～のように使った、**The shop is within walking distance of my house.**（その店は私の家から歩いていける所にある）を覚えておくと便利です。このとき、Is it a walking distance? の場合とは違い、distance に冠詞がつかない点に注意してください。

　また米語では、「今いる場所のあたり」という意味で **The museum is on the block.**（その美術館はこのあたりにある）、**The shop is one block away.**（その店は1ブロック先だ）のように block がよく使われます。

chapter **1**

次の英文を、下の日本文のideaが的確に伝わるように書き換えてください。どういう状況で使われている文か、ガイドを参考にしてください。

1. I can't find my baggage.
私の荷物が見つからないのですが。

[ガイド]
空港に到着し、荷物が出てくるのを待っています。結局、自分の荷物はありませんでした。紛失したのではと、近くにいた係員に言いました。

2. I can't stop coughing.
咳がとまらないんです。

[ガイド]
1週間ほど前に風邪をひいてからなかなか咳がとまらないので、病院に行きました。病院で、お医者さんにこう説明しました。

3. Would you keep my baggage?
荷物を預かっていただけますか。

[ガイド]
ホテルをチェックアウトした後で市内観光などのために荷物をしばらく預かってもらいたいと思ってこう聞いてみました。

1. My baggage is missing.
   My baggage is gone.
   My baggage is lost.

　I can't find my baggage. は、例によって文法的にはどこにも問題はありません。しかし、主語と助動詞の使い方が適当でないため、文脈に合致しない、

不自然な英文になっています。これでは「私は自分の荷物を見つけることができません」と解釈され、この英語を聞いた係員が意地悪な人なら You can't? That's your fault. といった返事が返ってくるかもしれません。「見つけられないのは自分のせいでしょ」という感じです。

日本文の意図は「自分の荷物が紛失している」という**客観的事実**にあります。したがって主語は「私」ではなく「荷物」にしなくてはなりません。

また客観的事実ですから**助動詞は不要**です。助動詞は「**その文を述べている人の気持ち**」**を表す場合に必要になる**ことを覚えておきましょう。こうした点を踏まえて前述の日本文を英語で表現すると、正解例の文が正しい言い方になります。これなら係員も親身になって探してくれるはずです。

2. I have a persistent cough.
   I have a very bad cough.

I can't stop coughing. も文法的には何の問題もありませんが、本来の意図を伝えてはいません。

stop は後に動名詞がくると「〜することをやめる」という意味になるので、I can't stop coughing. は文字通りには「私は咳をすることをやめることはできません」「咳をせずにはいられない」となります。I can't stop loving you.（愛さずにはいられない）という有名な歌がありますが、それと同じロジックです。

ところが「咳がとまらない」というのは一種の症状で、自分の意志とは無関係です。ここでは、助動詞とそれに続く動詞の組合せに問題があります。英語で病気の症状を述べる場合、その症状のある人を主語にして（この場合は「私」）動詞は have を使い、そして症状を続けるのが基本です。**単なる状況説明ですから助動詞は不要**です。

「咳がとまらない」のはガンコな咳、持続性のある咳なので a persistent cough や a lingering cough と言います。

この表現を使って、**I have a persistent cough.** とすれば本来の日本文の意味が伝わります。また、もっと簡単に「ひどい咳」と考えて、**I have a very bad cough.** と表現するのも一案です。

3. Can I check my baggage?

　まず主語は、「私が預けてよいか」ということなのでyouではなく、Iになります。動詞もkeepではなく、checkを使います。この場合のcheckは英語で定義するとすれば、to have ～ to be stored for a short periodです。レストランなどでコートなどを一時預ける場合も、このcheckを使います。日本語ではコートを預ける所はクロークですが、英語では**coat check**となります。英語のcloakは「マント」のことです。また本文は相手に対する許可を求めているので、前述の助動詞canを用います。

PART 2
主語の選択 —— 受動態の考え方

では次に、別の観点から主語を考えてみましょう。

私の提唱している Plain English 10 カ条（『英語パラグラフ・ライティング講座』に収録）の中に **Use the active voice whenever possible.（できるだけ能動態を使う）** があります。英語で一番インパクトのある文型は I love you. のような **S＋V＋Oの構文** です。特に日本人英語学習者は受動態で文を作る傾向が強いので、e-mail などでも要注意です。

ただし、場合によっては受動態のほうがより的確で自然なこともあります。それには **主語** が深く関わってきます。前にも述べたように、**英文では主語が一番大事** です。**英文は主語によって文の意味が決まる** からです。裏を返せば、**伝えたい内容によっては受動態でなければダメな場合もある** のです。

下の英文を見てください。英語として不自然な場合は、自然な英語に書き直してください。

I was given this watch by my mother.
私はこの時計を母からもらった

I got this watch from my mother.
My mother gave me this watch.

日本語に引きずられると受動態にしたくなるかもしれませんが、授与動詞の

give を使ったこのような文は不自然です。私が時計を手に入れたということが主題であれば get を使って表せます。また、母親からもらったことが主題であれば母親を主語にし、give を能動態で使います。

演習問題

主語に注意して下の文を自然な英文に書き直してみてください。ただし、問題文によってはそのままで自然な文もあります。

1. Mary was bought a new sweater.
   メアリは新しいセーターを買ってもらった。

2. He was laughed at by everybody.
   彼はみんなに笑われた。

3. Your complaint is being looked into by one of our staff.
   お客様の苦情は弊社のスタッフがただいま調査しております。

4. I am told not to drink by the doctor.
   私は医者に酒をとめられている。

5. We were made to work all night.
   私たちはひと晩中働かされた。

6. You are supposed to speak English in this class.
   この授業では英語で話すことになっている。

7. The road has been being repaired.
   その道路は補修中だ。

8. The store was closed last week.
   その店は先週休みだった。

1. Mary got a new sweater from her aunt.
(メアリは新しいセーターを彼女のおばさんからもらった)
Her aunt bought Mary a new sweater.
(メアリのおばさんはメアリに新しいセーターを買ってあげた)

　この問題文はある文法書に載っていた文ですが、例題のgiveと同様、buyを使ったこのような文も英語として不自然です。Maryがセーターを手に入れたということが主題であればgetを使って表せます。まただれかに買ってもらったのが主題であれば、買った人を主語にしてbuyを能動態で使うほうが自然です。

2. Everybody laughed at him. (みんな彼のことを笑った)

　これも同じ文法書からですが、この場合も能動態のほうが自然です。

3. We are investigating your complaint.
(お客様の苦情はただいま調査中です)
Your complaint is in process. (お客様の苦情は処理中です)

　企業などへの苦情の返事としては、こちらの姿勢を示すので、企業側を主語にして能動態にするほうが自然です。動詞はinvestigate以外に**handle**なども使えます。もし苦情を主語にしたいのなら、in processという句を使って、**Your complaint is in process.** とするのも一案です。

4. The doctor tells me not to drink. (医者に飲むなといわれている)

　これも不自然な受動態です。もし「私」が酒を飲まないのであればI don't drink. I follow the doctor's advice. などと表現します。

5. We worked all night. (私たちはひと晩中働いた)

　文法的には誤りではありませんが、不自然です。「ひと晩中働いた」ということが主題なら正解例のように事実として伝えます。「働かせた人」が主ならOur boss made us work all night.（上司は私たちをひと晩中働かせた）などとなります。

6. 訂正不要

　be supposed to＋不定詞は、形は受身ですが「～することになっている」という意味の慣用表現です。**be expected to**＋不定詞も同様です。

7. The road has been under repair.

　being repaired よりも、道路の状況を説明するのなら **under repair** が自然です。

8. 訂正不要

　これも形は受け身ですが、店の状況説明で、しかも closed はほとんど形容詞ですからそのままで問題ありません。

chapter
2

文章の書き方
──文法的アプローチ──

PART 1

句読法① comma

　この章ではpunctuation（句読点）についてお話します。まずpunctuationの中で最もよく使われるcommaからです。commaの大きな目的は**文の意味を明確にすること**にあります。具体的にはさまざまな機能がありますが、その説明をする前に、まず例題をやってみましょう。

下の1、2の英文に必要であれば**comma**を挿入してください。

1. After the party Tom and Mary went to the movies.
　パーティの後、トムとメアリは映画に行った。

2. Tom and Mary went to the movies after the party.
　トムとメアリは、パーティの後映画に行った。

1. After the party, Tom and Mary went to the movies.
2. comma不要

　1. は前置詞句が文頭にきているので、後ろに続いている主語と**明確に区別**できるように、その間にcommaを挿入します。しかし、2. のように文の後にある場合はcommaは要りません。

このようにcommaは意味を明確にするために使われますが、具体的にはどのような場合に使われるのか、例文をまじえて説明していきましょう。

① まず、付加疑問に使われます。これはstatementとquestionを分けるためです。
Jerry goes to college, doesn't he?（ジェリーは大学生だよね）

② 比較対照を明確にします。
This pen is mine, not yours.（このペンはあなたのではなく、私のです）

③ 間投詞の後に用います。
Well, let's eat.（それでは、食べましょう）

④ 前置詞句、不定詞句等が文頭にくる場合。例題がこれにあたります。
To meet the deadline, I have to work over the weekend.
（締め切りに間に合わせるために週末も働かなければならない）

例題の解説でも述べたように、上記の句が文の後にくる場合はcommaは不要です。
I have to work over the weekend to meet the deadline.

⑤ 単文をand、but、or、norなどで続ける重文で、接続詞の前に用います。
Kent goes to college in the west, and his sister goes to college in the east.（ケントは西部の大学、姉［妹］は東部の大学に行っている）

ただし主語が1つしかない場合はandやbutでつないでもcommaは不要で、
My mother went to a supermarket and bought some groceries.
（母はスーパーに行って食料を買った）
となります。

⑥ 複文で従属節（after、before、although、as、because、if、since、when、whileなどの接続詞で導かれる節）が文頭にくる場合。
When you get home, let me know.（家に着いたら知らせて）

ただし、従属節が主文の後にくる場合は通常commaは不要で、Let me know when you get home. となります。

⑦ 同じような語が3語以上続く場合は、それぞれを分けるためにcommaを用います。
The pie was shared by my father, mother, sister(,) and me.
（パイは、父と母と姉［妹］と私で分けた）

この場合、and〜の前のcommaはあってもなくてもかまいません。

⑧ 3語以上の形容詞が並ぶ場合。
I have red, green, yellow, purple, blue, and white shirts.
（私は、赤、緑、黄、紫、青、白のシャツを持っている）

⑨ 少し難しくなりますが、同じような意味の形容詞を2つ続ける場合もcommaが必要です。
My husband is an easy-going, happy person.
（主人はおおらかで明るい人です）

この場合、easy-goingとhappyは両方ともpositiveな意味合いです。ところが2つの形容詞が異質の場合は、
My girlfriend has long black hair.（僕の彼女はロングヘアで黒髪です）
のように、形容詞と形容詞の間にcommaは入れません。この場合longは髪の長さを表す形容詞でblackは髪の色を表す形容詞です。

⑩ 挿入語句の前後にcommaが必要です。
His parents, however, insisted that he stay home.
（しかし、両親はどうしても彼に家にいてほしいと言った）

⑪ 非制限用法の場合には必ずcommaが必要です。次の2つの文を見てください。
　　a）**My brother Tom is getting married next week.**（制限用法）
　　b）**My brother, Tom, is getting married next week.**（非制限用法）
　　　（私の兄［弟］のトムは来週結婚する）

a) は文法用語で制限用法または限定用法と呼ばれるものです。この文だけで「私にはTom以外にも兄弟がいる」ことがわかります。そして今回結婚するのは「兄弟のうちのTom」というふうに限定しています。b) は「私にはTomしか兄弟がいない」ことがわかります。言い換えればcommaでくくられた情報はあってもなくても文全体の意味に影響はありません。非制限用法はいわばadditional informationにすぎません。その場合には必ずcommaが必要なのです。

⑫ 人に呼びかける場合。
Kelly, do me a favor.（ケリー、お願いがあるんだけど）

⑬ 直接話法の引用の前
The teacher said, "Dismissed."（「解散」と先生が言った）

⑭ 日付を全部述べる場合
We promised to get together on January 15, 2005.
（私たちは2005年1月15日に集まろうと約束した）

ただし、in January 2005のように、1つでも欠けていればcommaは要りません。

⑮ 都市名と州名が並ぶ場合
Minneapolis, Minnesota

⑯ 称号
Kenneth Tanaka, Ph.D

⑰ 手紙のsalutationとclosing
Dear Kelly,
Your friend,

chapter 2

次の英文の必要と思われる個所にcommaを入れてください。

1. Paul Revere as you may know is a national hero.
   ポール・リベラは、ご存知のように国民的英雄である。

2. On January 31 my commuter pass will expire.
   1月31日に私の定期券は切れる。

3. My sister who lives in Kobe had a baby yesterday.
   神戸に住んでいる姉に昨日子供が生まれた。(姉妹は1人しかいない)

4. I will stay home if it rains tomorrow.
   明日雨だったら家にいる。

5. I want a videogame a digital camera and a bicycle for my birthday.
   僕は誕生日にテレビゲームとデジタルカメラと自転車が欲しい。

6. Women who get drunk shouldn't be here.
   女性でお酒に酔う人はここにいてはいけない。

1. Paul Revere, as you may know, is a national hero.

　Paul Revere is a national hero.という文にas you may knowという語句が挿入されているので、挿入語句の前後にcommaを入れます。(commaの機能 ⑩)

2. On January 31, my commuter pass will expire.

　前置詞句が文の前にきていますので、その句の後にcommaを入れます。(commaの機能 ④)

3. My sister, who lives in Kobe, had a baby yesterday.

姉妹は1人だけということは、この関係詞節 (who lives in Kobe) は「複数いる中で、神戸に住んでいる姉」と限定するために入っているわけではありません。つまり、非制限用法で、additional information として挿入されています。したがって comma でくくらなければなりません。(comma の機能 ⑪)

4. I will stay home if it rains tomorrow.

if で導かれる節 (従属節) がありますが、主文の後にきているので comma は必要ありません。(comma の機能 ⑥参照)

5. I want a videogame, a digital camera(,) and a bicycle for my birthday.

a videogame、a digital camera、a bicycle と3つの語が並べられていますので、それぞれ comma で分けます。ただし and の前の comma は入れても入れなくてもかまいません。(comma の機能 ⑦)

6. Women who get drunk shouldn't be here.

女性には酔う人も酔わない人もいて、その中で「お酒に酔う女性」と限定していますから、制限用法になります。したがって comma は入れません。(comma の機能 ⑪参照)

PART 2
句読法② semicolon と colon

commaに引き続きsemicolon（;）を取り上げます。
semicolonは、ひと言で言うなら**comma**よりは思考の切れ目が大きく**period**よりは思考の切れ目が小さいことを表します。

下の１、２の英文のうち、**semicolon**の正しい使い方はどちらでしょうか。

1. I like dogs; I can't have one.

2. I like dogs; but I can't have one.
　私は犬が好きだが飼えない

1. I like dogs; I can't have one.

semicolonは、**and**や**but**の代わりに用いるので、それらと一緒には使いません。上の文をsemicolonを使わずに書くと、I like dogs, but I can't have one. となります。

semicolonの機能をまとめると大きく次の４つに分けられます。
① **comma**プラス**coordinate conjunction**（等位接続詞：**and**、**or**、**but**など）の機能。

例題の使い方がこれにあたります。

② Independent clauses（独立節）を therefore、however、nevertheless、moreover などで続ける場合。
I was so tired; nevertheless, I stayed up late to meet the deadline.（私はとても疲れていたが、それでも締め切りに間に合わせるため遅くまで起きていた）

ただし、これらの語が挿入的に用いられる場合は semicolon ではなく comma を用います。
I, however, turned down the offer.（しかし、私はその申し出を断った）

③ 先行文を for example、that is、namely などの語句で続けて説明を付加する場合。
In 1959 the United States added two more states; namely, Alaska and Hawaii.（1959年、アメリカ合衆国は新たに2つの州を加えた。すなわち、アラスカとハワイである）

④ 一連の事項を述べる際に、それらにすでに comma や他の punctuation が含まれる場合。
Tom won his three matches with scores of 15:10; 15:9; and 15:13.（トムは15対10、15対9、15対13で、3勝した）

さて次は colon です。
① colon は semicolon よりフォーマルな句読点で、次にリスト・定義・説明などが続くことを示します。通常は as follows や the following を伴った independent clause の後にきます。
Your instructions are as follows: Read the passage carefully, and answer the questions on the next page.（あなたへの指示は次の通りです。文章をよく読んで次のページにある問題に答えてください）

The clock has three parts: a face, hands, and numbers.
（時計は文字盤と針と数字の3つの部分から成る）

comma を用いず箇条書きにすることもできます。

The clock has three parts:
a face
hands
numbers

colon は、上記のように単に item を並べるときはその後を小文字で続け、文がくる場合は通常と同じように文を大文字で始めます。定義も次のようになります。

diagonal: a line segment that is not a side and that joins two vertices of a polygon. (対角線：多角形の2つの頂点を結ぶ、辺以外の線分)

② 抜粋や引用文を導く場合に用います。

As Lincoln wrote in his Gettysburg Address: "Four score and seven years ago, our fathers brought forth on this continent a new nation, conceived in liberty and dedicated to the proposition that all men are created equal."

(リンカーンはゲティスバーグの演説でこう言っている、「87年前、我々の父祖たちはこの大陸に、自由の精神と人は生まれながらにしてみな平等であるという考えに基づく、新しい国家を誕生させた」)

③ フォーマルな文での salutation の後に用います。

Dear Loui:
Dear Ms. Hirsch:

ただし、インフォーマルや personal な手紙の場合は salutation の後は comma や semicolon にします。

④ 聖書の chapter (章) と verse (節) の間に用います。

Daniel 11:13 (ダニエル書、第11章13節)

⑤ 時と分の間に用います。

9:00 a.m.
10:30 p.m.

⑥ 雑誌の巻とページ番号の間に用います。
The Medicine, 10:6（『The Medicine』誌、第10巻6ページ）

⑦ 割合を示す場合に用います。
At a ratio of 3:1（3対1の比率で）

⑧ title と subtitle を分けます。
The Bible Trivia: Over 4500 Questions & Answers

演習問題

次の英文の（ ）に semicolon もしくは colon を入れてください。

1. We have three sets of colors. They are white, blue, and red ( ) brown, black and grey ( ) green, orange, and yellow.
   色の組合せは3種類あります。白・青・赤と、茶・黒・グレーと、緑・橙・黄です。

2. To whom it may concern ( )
   関係各位

3. Giant pandas are an endangered species ( ) they are unlikely to survive unless we do something.
   パンダは絶滅危惧種で、何か手を打たなければ、まず生き残れないだろう。

4. I have a meeting at 10 ( ) 15 in the morning.
   午前10時15分に会議がある。

5. To install the software ( )
   1) Insert the disk into your CD-ROM drive.
   2) Select Run from the Taskbar Start menu.
   3) Type d:\setup, and press the Enter key.

   ソフトウエアをインストールするには
   1) CD-ROMドライブにディスクを挿入してください。
   2) タスクバーのスタートメニューから「ファイル名を指定して実行」を選んでくだ

さい。
3) d:\setup と入力し Enter キーを押してください。

6. The meeting has been postponed until next Monday (　) therefore, I will be unable to see John until then.
約束は次の月曜日に延期になったので、私はそれまでジョンに会えない。

1. We have three sets of colors. They are white, blue, and red; brown, black and grey; green, orange, and yellow.

すでに comma が含まれている文なので、semicolon を使います。(semicolon の機能 ④)

2. To whom it may concern:

フォーマルな文の salutation ですから colon です。(colon の機能 ③)

3. Giant pandas are an endangered species; they are unlikely to survive unless we do something.

これは coordinate conjunction を用いれば、**Giant pandas are endangered species, and they are unlikely to survive unless we do something.** となります。つまり、coordinate conjunction の代わりなので semicolon です。(semicolon の機能 ①)

4. I have a meeting at 10:15 in the morning.

時分を表すので colon を用います。(colon の機能 ⑤)

5. To install the software:
   1) Insert the disk into your CD-ROM drive.
   2) Select Run from the Taskbar Start menu.

3) Type d:\setup, and press the Enter key.

リストが後に続いているのでcolonです。後にきているのが文なのでそれぞれの文頭は大文字になっています。(colonの機能 ①)

6. The meeting has been postponed until next Monday; therefore, I will be unable to see John until then.

Independent clauseをthereforeで続けている文章ですから、semicolonになります。(semicolonの機能 ②)

---

1. スピーチ

　英語によるスピーチの原稿チェックを頼まれたとき、いつも気になることがあります。それはほとんどの人がI would like to talk about ～という文句でスピーチを始めることです。

　結論から言ってしまえば、この手の文は必要ありません。アメリカ大統領が演台に立ってI would like to talk about Iraq.とは言いません。もっと単刀直入に本題に入ってよいのです。

　お祝いの項 (p.135) でも書いたように、would like toは一種の仮定法です。「もしよろしければ」というニュアンスが含まれていることを忘れないでください。これからスピーチをする人が聴衆に向かって「もしよろしければ～について話していいですか」と問いかけるのはいかにも変です。聴衆が「いやだ」と言ったら、あなたはどうするのでしょうか。

　また、本文でも述べたように、as you knowやneedless to sayなどの常套句も使うのはやめましょう。言うまでもないなら言うなということになります。generally speakingなども日本人が好んで用いる句ですが、使わないようにしましょう。

PART 3

句読法③ apostrophe と hyphen

　semicolon、colon に引き続いては **apostrophe**（'）です。間違った使い方をよく目にしますので、ここでしっかり覚えましょう。

下の1、2で、**apostrophe** の使い方が正しいのはどちらでしょうか。

1. X'mas（クリスマス）
2. Summer of '98（98年の夏）

2. Summer of '98

　apostrophe は省略形を作るときに使いますが、X'mas は間違いです。Christmas の省略は **Xmas** が正しい形です。apostrophe は必要ありません。
　この使い方を含め、apostrophe の機能は次の3つに分けられます。

① **apostrophe** の第一の機能は省略形を作ることです。
　Tom's been working for me since '96.
　（トムは96年から私のところで働いている）

　フォーマルな文では、**Tom has been working for me since 1996.** となります。

②名詞の所有格を作ります。
The boy's face was covered with mud.（男の子の顔は泥だらけだった）

蛇足ですが、日本人よりもむしろ英語が母語の人がよく間違えるのが代名詞の所有格 its に apostrophe をつけて it's としてしまうことです。

③文字や数字などの複数形を作る。
You should not put two if's in one sentence.
（1つの文で if を2つ使ってはいけない）

ただし、〜年代というような場合は apostrophe はつきません。
in the 1990s（1990年代）
a man in his 30s（30代の男）
90年代という場合、90〜99までの複数と同じだからです。

さて次は hyphen です。

①**hyphen** の第1の機能として、改行の際に語を分断する場合に用います。
I have got a job with the market-
ing department.（私はマーケティング部に職を得た）

②数字の **21** から **99** までと分数を形容詞として用いる場合に使います。
You have forty-five minutes.（あなたの持ち時間は45分です）
A two-thirds vote is necessary.（3分の2の得票数が必要だ）

③**prefix**（接頭辞）：ex、all、self、semi、quasi と suffix（接尾辞）：elect と共に用います。
The president-elect was invited to the ceremony.
（当選した大統領候補者は式典に招かれた）

④**compound adjective**（複合形容詞）を作ります。
I made a last-minute change in my travel plans.

(ぎりぎりになって旅行のプランを変更した)

次の英文の必要と思われる個所に **apostrophe** もしくは **hyphen** を入れてください。場合により **s** をつけ加えてください。

1. The class has twenty two students.
   このクラスは22人生徒がいる。

2. The girls parents were on the right and the boys parents were on the left.
   女子の父兄は右側、男子の父兄は左側に並んでいた。

3. That is Rick and Debra house.
   あれがリックとデボラの家だ。

4. They are regarded as quasi public workers under the law.
   彼らは法律上、準公務員とみなされる。

5. A two thirds majority is needed to pass the bill.
   法案を可決するには3分の2の賛成が必要だ。

6. Do you know where Brown and Company building is?
   ブラウン商会のビルはどこか知っていますか。

7. The constitution protects against self incrimination.
   憲法では自己負罪（自分の陳述や答弁が自分を有罪にすること）に対して保護措置が定められている。

8. His grades have two As.
   彼の成績はAが2つある。

9. John, Paul, George, and Ringo music marked a new era in pop music.
   ジョン、ポール、ジョージ、リンゴの音楽はポップスの新時代を開いた。

正解と解説

1. The class has twenty-two students.

数字（twenty two）が形容詞として使われているので、**hyphen** でつなぎます。（hyphen の機能 ②）

2. The girls' parents were on the right and the boys' parents were on the left.

girls、boys を所有格にするためこの2語に **apostrophe** をつけます。ただし、複数形の所有格のときは **apostrophe** が s の後にくることに注意してください。（apostrophe の機能 ②）

3. That is Rick and Debra's house.

これも 2. と同じく apostrophe をつけて所有格を作る例ですが、このように Rick and Debra と所有を表す語が複数ある場合は、**apostrophe** は最後の語にのみつけます。（apostrophe の機能 ②）

4. They are regarded as quasi-public workers under the law.

quasi という接頭語があるのでこれに hyphen をつけます。（hyphen の機能 ③）

5. A two-thirds majority is needed to pass the bill.

分数（two thirds）が形容詞として使われているので、hyphen でつなぎます。（hyphen の機能 ②）

6. Do you know where Brown and Company's building is?

所有格を作るため apostrophe をつけます。3. と同様に Brown and Company と所有を表す語が複数あるので、**apostrophe** は最後の語にのみつけます。（apostrophe の機能 ②）

7. The constitution protects against self-incrimination.

selfという接頭語があるのでこれにhyphenをつけます。(hyphenの機能 ③)

8. His grades have two A's.

Aという文字の複数形を表すのでapostropheをつけます。(apostropheの機能 ③)

9. John, Paul, George, and Ringo's music marked a new era in pop music.

所有格を作るためapostropheをつけます。3.と同様にJohn, Paul, George, and Ringoと所有を表す語が複数あるので、**apostropheは最後の語にのみつけます。**(apostropheの機能 ②)

その他の punctuation には省略記号 **ellipsis**（...）と **dash**（—）などがありますが、本書では省きます。

ではここで、これまでの復習をかねてもう1つ演習問題をやってみてください。

演習問題

次の英文の必要と思われる個所に comma, semicolon, colon, apostrophe を入れてください。

1. The boy called 911 but the call was not answered in time.

2. He wants me to bring CDs games candy and soda to his party.

3. If you bring wine I'll bring beer.

4. Pushing through the crowd the police officers searched for the suspect.

5. Sally has two years experience in teaching Bob has more.

6. You should be prepared when you go camping however you must avoid carrying unnecessary things.

7. This is what I want a slice of pizza and a small green salad.

8. In order to do well in the exams do the following study get plenty of sleep and have a good breakfast.

chapter 2

正解例

1. The boy called 911, but the call was not answered.
   (その少年は911に電話をしたが、応答がなかった)

2. He wants me to bring CDs, games, candy (,) and soda to his party.
   (彼は私にCDとゲームとキャンディとソーダを自分のパーティに持ってきてほしかった)

3. If you bring wine, I'll bring beer.
   (ワインを持ってきてくれれば、ビールを持ってくるよ)

4. Pushing through the crowd, the police officers searched for the suspect.
   (雑踏を押し分けて、警官たちは容疑者を捜した)

5. Sally has two years' experience in teaching; Bob has more.
   (サリーには教えた経験が2年あるが、ボブはもっと長い)

6. You should be prepared when you go camping; however, you must avoid carrying unnecessary things.
   (キャンプに行くのなら、準備する必要がある。しかしながら、不要なものを持ってくることは避けなければならない)

7. This is what I want: a slice of pizza and a small green salad.
   (私のほしいのは次のものです。ピザを1枚とグリーンサラダ1つです)

8. In order to do well in the exams, do the following: study, get plenty of sleep (,) and have a good breakfast.
   (試験で良い点をとるためには、次のようなことをしなさい。勉強し、たっぷり睡眠をとり、朝食を十分とること)

PART 4 接続詞

　語と語、句と句、節と節を結びつける **conjunction**（接続詞）の使い方について学びましょう。

　conjunctionには、**coordinating conjunction**（等位接続詞）と **subordinating conjunction**（従位接続詞）があります。coordinating conjunctionは独立した文をつなぐ働きがあり、subordinating conjunctionが作る節は主文がないと意味が完結しません。

　coordinating conjunctionの代表格は **and**、**but**、**or**、**for** などです。subordinating conjunctionの主なものには、**because**、**as**、**if**、**when**、**while**、**although** などがあります。

例題

下の英文には間違いがあります。正しく書き直してください。

My wife wants to go to China but I want to go to Italy.
妻は中国に行きたいが、私はイタリアに行きたい。

正解例

My wife wants to go to China and I want to go to Italy.
（but → and）

解説

　例題の日本文では「が」となっていますが、英語の論理ではこの2文は逆接ではなく、妻と私とを対比しています。逆説を表すbutではなく、**並列に事柄**

を列挙する **and** になります。

　もし「妻は中国に行きたいが私は行きたくない」なら but を用いて My wife wants to go to China, but I don't. となります。つまり、but は、**内容的に完全に逆のことでなければ使えない**のです。**日本語の「が」に引きずられないことが大切**です。

　ところで、某国首相の施政方針演説に次のようなくだりがありました。

「増え続けてきた犯罪件数は2年連続して減少しましたが、なお凶悪犯罪は多発しており…」

この英訳は次のように発表されました。

The number of crime cases that had been following on an upward trend has decreased for two consecutive years, but there still are many malicious crimes …

　完了形の時制の使い方にも、過去完了と現在完了を混在させていて問題がありますが、それよりも重大なのは **but** です。最初の文は「犯罪件数全体」の推移に言及していて、「犯罪の程度・内容」とは無関係です。この文脈で but は使えません。

　それに対して but の後の文は「凶悪な犯罪が多い」となっています。つまりこの2文は述べている内容のレベルが違うのです。**レベルの異なる文を but では結べません**。また parallelism (p.156) の観点からも一方は一般動詞の現在完了 (has decreased)、他方は be 動詞の現在形 (are) が使われていて統一性がありません。もし but を使うなら「軽犯罪は減っているが凶悪犯罪は増えている」という文脈でなければなりません。

　or は **alternative** を表し、文と文をつなぐより **either ～ or ～** などの形で**語と語をつなぐのが普通**です。これに続く動詞は Either we or Tom has to go there. のように **or の後ろの語に支配される**ことに注意してください。Tom は3人称単数なので動詞は has となります。

　and も or も命令文の後に続いて、**and** は「そうすれば～」、**or** は「さもないと～」の意味で用いられることも覚えておいてください。

演習問題

下の英文の間違いを正して、書き直してください。問題によっては訂正の必要がない文もあります。

1. Because it rained yesterday, I stayed home.
   雨が降っていたので昨日は家にいた。

2. I did it because the teacher told me to.
   先生に言われたから、やった。

3. We will have the party outside, when it doesn't rain tonight.
   今晩雨が降らなかったら、私たちは外でパーティをする。

4. I'll give you a call if I'm home.
   家に帰ったら電話するよ。

5. The U.S. economy has been picking up while Japan's economy is slowing down.
   アメリカの経済はよくなってきているが、一方日本経済は低迷している。

正解と解説

1. As it rained yesterday, I stayed home.
   (Because → As)

　この問題文ではbecauseが間違いです。日本文は「ので」となっていますが、雨が降っていたのは状況説明であって家にいたこととの因果関係は成り立たないので、becauseは使えません。このような状況説明にはasが使えます。日本語の「〜ので」はだいたいこのasで処理できます。

　英語の接続詞の中で日本人にとって一番やっかいなのが、このbecauseです。日本語の「ので」につられて、つい使ってしまいがちですが、英語のbecauseはそのスペルからもわかるように、**cause**と**effect**の因果関係が成り立たなければ使えないのです。

2. 訂正不要

　この文では、自分がやったことと先生がやるように言ったことの間に**因果関係が成立**しますから接続詞は **because** です。また、as か because の判断がつかない場合は**接続詞を使わず**、I stayed home yesterday. I was so sick. のようにピリオドで文を並べるのもひとつの手段です。

3. We will have the party outside, if it doesn't rain tonight.
　（when → if）

　if と when も、どちらを使ったらよいか迷いやすい接続詞ではないでしょうか。**if** は「**条件**」、**when** は「**場面設定**」と覚えておきましょう。この文は、雨が降らなかったらパーティをする（雨が降ったらしない）ということですから、「条件」を表す if を使います。

4. I'll give you a call when I'm home.
　（if → when）

　3.とは逆に、I'm home は電話をかけるかかけないかの「条件」ではなく、「家にいるとき」という**場面**を表しています。

5. The U.S. economy is picking up while Japan's economy is slowing down.

　The U.S. economy has been picking up while Japan's economy has been slowing down.
　（has been → is）もしくは（is → has been）

　while は同時性を表すので、問題文のような**異なる時制同士を一緒に用いる**ことは不可です。正しくは、どちらも現在完了にするか現在形にするかです。また、**although** は前述の but 同様、**完全な逆接の場合に使う**ことも要確認です。

PART 5

代名詞 (It, This, That)

　日本人の書く英文を見ているとthisとthatの使い方を理解されていないと思われる誤りによく出合います。この際きちんとマスターしましょう。
　まず**that**は、前に出てきた名詞の繰り返しを避けるために用います。この用法は主に**比較級**で使われます。

The population of Tokyo is larger than <u>that</u> of New York.
　（東京の人口はニューヨークの人口より多い）

　この場合、thatはthe populationの代わりです。
　次に、これが日本人が一番混同している使い方ですが、thatは**前の文全体**を指します。

Japan's economy is picking up. <u>That</u> is partly because domestic demand is on the rise.
　（日本の景気は回復してきている。それは内需の増加が1つの要因となっている）

　この場合、thatの代わりにthisを使う人がいますが、それは誤りです。thatは**前に出たこと**を指すと覚えておきましょう。
　それに対して**this**は、これから始まることを指します。

<u>This</u> **is what I am going to do.** （私はこうするつもりだ）

　この場合、thisをthatに換えることはできません。
　それでは、itとthatの使い分けはどうでしょう。itは「**共通の理解**」を指します。itは**話し手と聞き手、書き手と読み手**に共通の理解がある上で初めて使えます。学校では、単に事例だけを挙げて、時間・天候・気候はitで表すとだけ

35

習われたはずですが、そういうことではなく、いずれも「**共通の理解**」ということに基づいています。

It's five o' clock now. と言う場合、お互いに「**時間**」というものに言及しているという前提を踏まえています。時間を見た人はいませんが、時間というものが存在することはだれもが理解しているわけです。**なんだか正体がわからなくても、お互いが共通に理解しているものを表すことができるのが it** です。

上の文の場合、英語の感覚では、時間全体というものを it でとらえ now という切り方をすると「5時である」ということです。

それに対して that は**前の文全体**を指すのです。次の文を見てください。

"I have a terrible cold." "That's too bad."
（「ひどい風邪ひいちゃって」「それはたいへんだね」）

この場合、that を it に換えることはできません。前の文全体「私がひどい風邪をひいている」を指しているからです。では次の文はどうでしょう。

"I've got a BMW." "That's good"
（「僕は BMW を持ってる」「それはいいね」）

これも前の文の内容全部を受けるのであれば that しか使えません。これをもし It's good. とすると単に BMW という車を指しているようにもとられます。

Don't let him drive. It's dangerous.
（彼に運転させちゃだめだよ。危ないから）

この場合、it を that に換えることはできません。「彼に運転させること」を指しているのです。that を主語にしてしまうと前の文全体、つまり「彼に運転させるな」を指すことになります。

演習問題

次の英文の（　）に **it**、**this**、**that** のいずれかを入れてください。

1. To be, or not to be: (　　) is a question.
　　生きるべきか死ぬべきか、それが問題だ。

文章の書き方

2. The climate of Hokkaido is severer than (　　) of Kanto.
北海道の気候は関東より厳しい。

3. Listen to (　　). Tom is going to get married.
聞いて。トムが結婚するんだって。

4. Don't ask her about the exams. (　　)'s a touchy issue.
彼女に試験のこと聞いちゃだめだよ。禁句だからね。

5. They are twins! (　　) explains everything.
彼らは双子だったんだ！ それで合点がいく。

6. "How was the exam?" "(　　) was a cinch."
「試験、どうだった？」 「楽勝だったよ」

7. We have revised our quotation. (　　) is the best we can do.
見積書を修正いたしました。精一杯の勉強をさせていただきました。

8. Everybody likes him. Do you know the reasons for (　　)?
みんな彼のことが好きなんだ。その理由わかる？

正解と解説

1. That

有名な Shakespeare の戯曲『Hamlet』に出てくるセリフなのでご存知の方も多いと思いますが、これが that になるのは、先行する内容 To be, or not to be 全体を受けているからです。

2. that

問題の文を代名詞を用いずに書くと、The climate of Hokkaido is severer than the climate of Kanto. となります。この climate の代わりに用いるので that になります。

3. this

これから言うことを指すのでthisです。thisは2つ目の文、Tom is going to get married. を指しています。

4. It

touchy issue なのは、前の文全体ではなく、試験の結果ですから、itです。

5. That

前の文全体、彼らが双子であることがすべてを説明する、ということです。

6. It

「試験」を指しているのでitを使います。

7. This

この後に詳しい情報、つまり見積もりの数字などがきます。

8. that

前の文全部を指しているのでthatです。

chapter
3

無駄を省く

PART 1 重複を避ける

　情報伝達の英文、特に **e-mail** などでは、いかに無駄を省いて簡潔な文を作るかということを常に目指さなければなりません。もちろん、創作文（文学作品など）はこの限りではありません。
　この章ではいかにして無駄なぜい肉をそぎおとしてスリムな文にするかについてお話します。
　では、無駄とはいったいどういうものか。まず、挙げられるのは **redundant**（重複）な表現です。日本人学習者の場合は日本語から英語にするときに無意識に redundant な句を使ってしまいがちですので特に注意が必要です。

例題

下の文で重複している部分はどこでしょうか。

By the time prices and wages start rising, a potential risk of inflation mounts.
物価や賃金が上がり始める頃には、インフレの潜在的リスクが高まっている。

正解例

potential risk

解説

　日本語の「潜在的なリスク」という表現をそのまま英語にしたもので、経済金融関係の文献でよく見かけますが、これは誤りです。risk は potential だから risk なのであって、risk の中に potential の意味は含まれています。

同様に「顕在したリスク」という日本語も materialized risk と表現してあるのを見かけます。これは重複とは違いますが、やはりこのような表現は使いません。materialized したらそれはもはや risk ではなく loss です (p.48 参照)。

　また、日本語では「適切な評価」という句がありますが、これをそのまま appropriate evaluation とすると **tautology**(類語反復)になってしまいます。英語の evaluation には appropriate のニュアンスは含まれているからです。

　日本語でよく「とてもユニークな」と言いますが、これもそのまま very unique とすると間違いです。unique は「唯一無二」という意味なので、very などはつかないのです。

　「一般大衆」は general public ですが、これも public の中に general の意味は含まれています。これなどは英語が母語の人でもよくおかす間違いです。

演習問題

次の文で無駄な部分、重複している部分はどこでしょう。無駄を省いてスリムな文に書き換えてください。

1. **If we cooperate together, we can do that.**
   共に協力すればできる。

2. **His final conclusion was to step down.**
   彼が最終的に出した結論は辞職することだった。

3. **In my opinion, I think everyone should vote.**
   私の意見では、全員が投票すべきだと思う。

4. **That building continues to remain a tourist attraction.**
   あの建物は今後も観光名所であり続ける。

5. **He has deliberately chosen to go to boarding school.**
   彼はよく考えて寄宿学校に行くことに決めた。

6. **Tom seems to be sort of a slow worker.**
   トムは多少仕事が遅いように思われる。

> **7. Those who can do the job are few in number.**
> その仕事ができる人は少ない。

正解と解説

1. If we cooperate, we can do that.

　cooperate は work together for a common purpose のことですから、「一緒に」の意味がすでに含まれているので together は不要です。

2. His conclusion was to step down.

　conclusion は an opinion as a result of reasoning あるいは final arrangement ということで、もともと「最終の」の意味を含んでいるので final が不要です。

3. Everyone should vote.

　In my opinion と I think は明らかに同じことです。また、助動詞は話者の気持ちを表すので should だけで十分です。

4. That building remains a tourist attraction.

　continue も remain も同じ意味です。

5. He has chosen to go to boarding school.

　choose は「いろいろ考えた末に選ぶ」という意味で、deliberately の意味がすでに含まれています。

6. Tom is a slow worker.

　まず seem と sort of は同じ意味合いです。この文は、人の仕事振りについて言及しているので、事実を客観的に伝える be 動詞だけで十分です。

7. Few (people) can do the job.

　fewは数を表す語なので、in numberは不要です。言いたいことは「その仕事ができる人は多くない」ということです。したがってFewを主語にすれば関係代名詞などを使わなくても簡潔に言い表せます。

2.「オフィス」考

　本書でも取り上げましたが、e-mailの不在通知によくI will be out of officeという文を目にします。本人は「社内にいない」というつもりで書いていると思いますが、out of officeは「辞職」の意味になります。officeは冠詞なしで不可算名詞として用いると「官職」、私企業なら「要職」の意味になるからです。take officeは「就任する」、leave officeは「辞任する」になります。1つの名詞が使い方によっていろいろな意味になるのが、数の概念のない日本人にとってはやっかいなところです。

　朝「会社に行く」という場合、日本人の多くはI go to the office.と言いますが、これも自然な英語ではありません。the officeとしているので役職ではありません。しかし、英語のofficeは弁護士や医師の仕事場、企業なら役職についている人の個室を意味します。カタカナの「オフィス」とは似て非なるものです。一般の人が朝「会社に行く」というのは「仕事に行く」ことですから、go to workが自然な英語です。広告などで「〜はオフィスでもご家庭でもお使いになれます」というような場合の「オフィス」は英語ではin the workplaceつまり「仕事の場」ということになります。at homeに対応するのはin the workplaceと覚えておきましょう。

PART 2 明確な主語を使う

　無駄を省いて締まりのある文を書くための心得として、前項では「重複」を取り上げましたが、次のテーマは**形式的に使われる主語**についてです。

　第1章でも述べたように、英文では「**主語が大切**」です。この点を、私の著作を通して力説してきましたが、これがなかなか難しいようです。英文の基本形は I love you. つまり、**主語＋動詞＋目的語の形**ですが、日本人はどちらかというと逆に主語をぼかした、あるいは弱い主語で文を始める傾向があります。その代表が **There be 構文**です。気をつけてほしいのですが、There は文頭にきていますが、主語ではありません。**真の主語は be 動詞の後**です。したがって、このような形はなるべく避けてください。また、形式主語 it を立てて文を構成するのもインパクトのある文を作るという観点からは**なるべく避けたほうがよい**のです。

例題

下の英文を there be 構文を使わずに書き換えてください。

There are many strong points in the candidate.
その候補者には強みがたくさんある。

正解例

The candidate has many strong points.

解説

例題の英文でももちろん意味は通じますが、もし私が選挙の応援演説を頼まれたらこうは言いません。正解例のほうがずっと**ストレートでインパクトのある文になる**のがおわかりでしょう。また、strong points より strengths のほうが英語として自然です。

演習問題

次の文を直接的で簡潔な文に書き換えてください。

1. It can be seen that experience is more important than training.
   経験は訓練より大事だ。

2. There were five students who failed the exam.
   試験に落ちた生徒は5人いる。

3. There are several reasons why this computer is obsolete.
   このコンピュータが時代遅れである理由はいくつかある。

4. It has been decided that the company would do the project.
   会社がそのプロジェクトを実施することが決まった。

5. There seems to be little doubt that today's children like computers.
   最近の子供はコンピュータが好きだ。

6. It is apparent that dogs make nice pets.
   犬はペットに向いている。

7. It is possible that he exaggerates his story.
   彼は話を大げさに言う。

8. My guess is that she wants to marry him.
   私が思うに彼女は彼と結婚したいんだろう。

> 9. **It is my belief that he can make the team.**
> 彼がチームのメンバーになると私は確信している。
>
> 10. **There are many reasons he hates computers.**
> 彼がコンピュータを嫌う理由はたくさんある。
>
> 11. **It should be borne in mind that the system has some disadvantages.**
> このシステムには欠点がある。

正解と解説

1. Experience is more important than training.

「経験のほうが訓練よりも大事だ」ということですから、持ってまわった言い回しは必要ありません。

2. Five students failed the exam.

日本の英語学習者はThere構文や関係代名詞whoを用いた文を多用しがちですが、Plain Englishの観点からは**There be ～ who ～.** という文型は無駄以外の何物でもありません。米国の学校でも情報伝達が目的の文では、こうした文型は用いないように指導されています。

3. This computer is obsolete for several reasons.

「理由がある」ということより「このコンピュータが時代遅れ」ということのほうが重要なので、コンピュータを主語にします。もしどうしても理由を強調したいのなら、for several reasonsを文頭に置き、commaでつなぎます。

4. The company has decided to do the project.

「会社はそのプロジェクトを実施することにした」という意味ですから、会社を主語にして文を作ります。

5. Today's children like computers.

There seems to be 〜 というとなんとなく高尚に聞こえますが、実際はあまり意味がありません。今日の子供の様子を述べている文なので、その点が明確に伝わる表現を選んでください。

6. Dogs make nice pets.

「犬はペットとして最適である」ということなので、S+V+O で十分です。また apparent の副詞 apparently を多用する人がいますが、意味がないので使わないようにしましょう。

7. He exaggerates his story.

文の意味から、It is possible that 〜 は不要です。

8. I guess that she wants to marry him. または
She wants to marry him.

My guess is that 〜のような be 動詞を含んだ文より、**一般動詞を使ったほうが強く締まった文になります**。また内容的に I guess that 〜がなくても、話者の見解なので問題ありません。

9. I believe that he can make the team. または
He can make the team.

これも 7. と同様です。It is my belief 〜のほうが格調高く響くと考えるのは誤りです。内容的にも話者の見解なので I believe の部分は省略可能です。

10. For many reasons, he hates computers. または
He hates computers for many reasons.

many reasons に重点を置きたい場合は、For many reasons を文頭に置けばよいのです。**英語では先にくることほど重要ですから**。

11. The system has some disadvantages. または
We should note that the system has some disadvantages.

翻訳された文で be borne in mind をよく見ますが、自然な英語ではありません。「留意する」という意味をつけたければ、動詞の note を用いてください。

---

3. リスクの顕在化

　企業研修、特に金融関係の分野の研修でよく出てくる表現に「リスクの顕在化」というのがあります。それを英語にして materialization of credit risk などと表現する人が数多くいます。しかしこれは、英語表現としては成り立たないのです。こう説明しても受講生にはなかなか納得してもらえません。

　どうも日本語のカタカナの「リスク」と英語の risk は、似て非なるもののようです。日本語の「リスク」は、日本人は、まだそうなっていない可能性のようなものととらえているようです。つまり、まだ現実に存在していないものを意味しています。ですからそれが顕在化すると考えるのでしょうか。それに対して英語の risk は、現実にすでに存在しているものなのです。今そこにある危機にほかなりません。したがって、risk はすでに materialize しているのであって、上記の表現は意味をなさないのです。すでにあるものなので、その risk を reduce（減らす）したり、minimize（最小限に抑える）するのです。

　別の言い方をすれば、risk は danger と同類です。danger もすでにある状態を意味します。danger が顕在化すればそれは「死」だったりするわけです。同じように risk がさらに「顕在化」すればそれは risk ではなく loss になってしまいます。

PART 3
clichéを避ける

cliché（常套句）は、日本人だけでなく英語が母語でしかも文章を書くことを職業としている人も注意しなくてはならない問題です。ニューヨーク・タイムズの名物編集主幹だった故Theodore Bernsteinもその著書『The Careful Writer』の中でclichéの使いすぎを戒めています。

例題

下の英文でどの部分がclichéでしょうか。

1. Needless to say, oil is a finite resource of energy.
言うまでもなく、石油は限りあるエネルギー資源である。

2. The building is closed on Sundays as a rule.
このビルは原則として日曜日は閉まっている。

正解例

1. Needless to say
2. as a rule

解説

1.は、「言うまでもない」なら言うな、ということになります。2.は、Sundaysと複数になっていることからもわかるように、日曜日はふつう閉まっているということなのでas a ruleなどは要りません。

clichéには、**存在自体に意味のないものがあります**が、例題の **Needless to**

sayや**as a rule**がその代表例です。また、**Generally speaking**（一般的に言えば）、**As a matter of fact**（実際のところ）や**Accordingly**（それに応じて）、**Last but not least**（最後に大事なことをひとつ）も同様です。これらのフレーズはなくても文脈には影響がないので、**締まりのある文という観点からはなるべく使わないようにしましょう。**

かつてnewsmanだった私も注意していたことですが、報道文でよく**pool of blood**（血の海）、**grief-stricken**（悲しみに打ちひしがれた）、**terror-stricken**（恐怖におののいた）、**dread disease**（こわい病気）、**intensive investigation**（徹底的な調査）、**storm of protest**（嵐のような抗議）、**posh resort**（豪勢なリゾート）など、数え上げたらきりがないほどのclichéを見かけます。特にスポーツ記事はclichéの宝庫と言われますが、みなさんも記事の中でこの種の表現に出合ったら辞書などで確認し、clichéと記されていたらなるべく使わないように心がけてください。

もちろん比喩的表現でたとえclichéであっても、他にピッタリの表現がない場合もあります。例えば、**a white elephant**（無用の長物）という表現はclichéではありますが、税の無駄遣いなどに言及する場合などは**The new city office is a white elephant.**（新市庁舎は無用の長物だ）という具合に使えます。

演習問題

以下の英文で使われているclichéを自分なりにより具体的な表現に書き換えてください。

1. **Performance in a crisis is the acid test for a leader.**
   危機にあってどう対処するかは指導力を問う試金石である。

2. **You have to take his idea with a grain of salt.**
   彼の考えは話半分で聞かないと。

3. **I got into the movie theater in the nick of time.**
   私はぎりぎりで映画館に入った。

4. **His performance last night was par for the course.**

昨夜の彼の演技は可もなく不可もない演技だった。

5. That scandal is just the tip of the iceberg.
   そのスキャンダルは氷山の一角にすぎない。

6. The rumor swept the school like wildfire.
   うわさはまたたく間に学校中に広まった。

7. The product arrived safe and sound.
   商品は無事に到着した。

8. After discussing the differences, both parties decided to bury the hatchet.
   相違点を話し合った末、両者は和解することにした。

9. iPods are selling like hotcakes.
   iPodは飛ぶように売れている。

10. I burned the midnight oil for the exams.
    夜なべで試験勉強をした。

正解と解説

1. Performance in a crisis is the best indicator of a leader's abilities.

   the acid test は人や物などの「吟味」という意味の比喩表現ですが、使い古された感があります。

2. You don't have to take his idea very seriously.

   with a grain of salt は、「話半分に」「多少疑って」の意味ですが、これも使われすぎです。

chapter **3**

3. I got into the movie theater when all the lights went out.
（私が映画館に入ったときちょうど照明が消えた）

in the nick of time は「すんでのところで」という意味ですが、もっと具体的に表現しましょう。

4. His performance last night was average [just as I had expected].

par for the course は、ゴルフに由来する表現で「当然のこと」「いつものこと」という意味です。

5. That scandal is just a part of the political corruption.
（そのスキャンダルは政治腐敗のほんの一部にすぎない）

the tip of the iceberg（氷山の一角）も使われすぎです。もっと具体的に表現したいものです。

6. The rumor swept the school in an hour.
（うわさは1時間で学校中に広まった）

like wildfire は「またたく間に」という比喩表現ですが、「うわさ」は野火ではないので陳腐に響きます。

7. The product arrived in perfect condition.

safe and sound は「無事に」という意味ですが、人ならともかく品物には使えません。

8. After discussing the differences, both parties decided to work together.（相違点を話し合った末、両者は提携することにした）

bury the hatchet は昔、Native Americans が戦いをやめるときに手おのを土に埋めたことからきた表現です。現代風に、より具体的に表現しましょう。

9. iPods are selling in thousands. (iPodは何千台も売れている)

like hotcakes も「飛ぶように」売れる、という比喩ですが、陳腐に聞こえます。

10. I worked very late for the exams. (遅くまで試験勉強をした)

burn the midnight oil は昔ランプを使っていたことからできた表現です。現代ではいかにも古く聞こえます。「徹夜する」なら **pull an all-nighter** が一般的です。

---

4. I'm afraid

出版されているライティングや e-mail の書き方の本を見ると、「〜ではないかと思うのですが」などとやんわりと訂正したい場合や「〜のように思われます」とぼかした表現をする場合に、I'm afraid がよく使われています。しかし、これは間違った使い方です。次の例文を見てください。

I'm afraid I misunderstood you. I thought the dinner party would start at 8 o'clock. (私が勘違いしていたようでした。夕食会は8時からだと思っていました)

I'm afraid は、上の例のように「〜ようでした」という意味のときには使いません。I'm afraid の後ろに、I misunderstood you ときていますが、このようには使いません。正しくは、I think がきて、I think I misunderstood you あるいは、That was my misunderstanding. となります。

ではどんなときに I'm afraid が使われるのでしょうか。I'm afraid は、否定的事実の予測に使います。後ろに a polite refusal、あるいは a piece of information that may not be welcome、つまり「否定・お断り・好ましくない情報」がくる場合に用います。

また、I'm afraid は、seem と一緒には使いません。これは、seem にすでに「〜に思われます」というニュアンスが入っているからです。

PART 4 jargonを避ける

次にjargonについてお話しましょう。

jargonは一般に**特定の職業やグループで用いられる専門語**を指します。コンピュータやインターネット関連でいえば、**attachment**（添付）、**boot**（コンピュータの立ち上げ）、**burn**（CDなどを作る）、**blog**（書き込み欄）、**default**（初期設定）などで、いずれも本来の意味とは異なります。報道関係でいえば**byline**は署名記事のことですし、**mug**といえば**mug shot**（人の顔写真）のことで、決してコーヒーカップのことではありません。

さて、jargonには「**わけのわからない言葉**」というもうひとつの意味もあります。cliché同様、日本人だけでなく英語が母語の人も注意しなくてはなりません。特に、教養の高い人ほどjargonを使う傾向が強いのですが、**簡潔な文を作るという観点からは避けるようにすべきです**。

例題

下の英文でどの部分が**jargon**でしょうか。

1. **I will try to accommodate your concern.**
   ご心配の点は配慮するようにいたします。

2. **I will make a commitment to study hard.**
   私は一所懸命勉強すると約束します。

正解例

1. accommodate
2. commitment

解説

1.ではaccommodateがjargonになります。accommodateを用いなくても**consider**で十分です。2.のcommitmentも日本人が好む言葉ですが、I will make a commitment to study hard. よりは**I promise to study hard.**や**I will try to study hard.**のほうが短くてすっきりした言い回しといえます。

かつてビジネスの世界で盛んに**paradigm shift**という表現が使われました。意味は**any major change in the generally accepted point of view**（一般的な考え方が大きく変わること）ということですが、もっと簡潔に**a drastic change**とすれば用は足ります。

スピーチなどで見かける**going forward**も使わないようにしましょう。Going forward, sales will go up.（今後、売上は増えるだろう）よりは**Sales will go up in the future.**か、単に**Sales will go up.**とすれば、言いたいことは十分伝わります。

要はclichéと同様に**jargon**などに頼らず、なるべく簡潔で具体的な表現を心がけることです。

演習問題

以下の英文で使われている**jargon**をより簡潔で具体的な表現に書き換えてください。

1. **The scheduled strike didn't materialize.**
   予定されていたストは行われなかった。

2. **He couldn't substantiate his claim against her.**
   彼は彼女に対する申し立てを立証することができなかった。

3. **That policy will facilitate the transparency of monetary policy.**
   その政策は金融政策の透明性を促進するだろう。

4. **You don't grasp the magnitude of this problem.**
   あなたはこの問題の重大さがわかっていない。

5. **We have to do the job within the parameters of time and money given by the client.**
   我々は依頼主から与えられる時間と金額の範囲内で仕事をしなければならない。

6. **The government plans to increase defense expenditure.**
   政府は防衛費を増やすつもりだ。

7. **The company will not change its marketing strategy in the foreseeable future.**
   その会社は当分はマーケティング戦略を変えないだろう。

8. **More than half of the club members voted in the affirmative.**
   クラブの会員の半数以上が賛成票を投じた。

9. **The housing project is still within the realms of possibility.**
   住宅事業はまだ実行可能である。

10. **Teachers should interface with their students.**
    教師は生徒たちと理解を深めるべきだ。

正解と解説

1. The scheduled strike didn't occur [take place].

　materialize（具現化する、顕在化する）のような語は高尚に響くかもしれませんが、ストなどにはoccurやtake placeが適切です。

2. He couldn't prove his claim against her.

　substantiateは「実証する」「立証する」の意味ですが、このような**big word**を用いる必要はありません。

3. That policy will promote [increase] the transparency of monetary policy.

facilitate も日本人が好んで用いる語のひとつです。もっと**ストレート**に表現しましょう。

4. You don't grasp the seriousness of this problem.

magnitude も天文学の星の等級や地震の強さを表す場合はよいのですが、物事の重大さについていう場合は、もっと**平易な語**を使ってください。

5. We have to do the job within the limits of time and money given by the client.

数学や統計用語の parameter を使うより、**limit(s)** のほうが自然です。

6. The government plans to increase defense spending.

日本語の発想では「支出」を expenditure と考えがちですが、米国では動名詞の **spending** のほうが一般的です。

7. The company will not change its marketing strategy this year.
（その会社は、今年マーケティング戦略を変えることはないだろう）

in the foreseeable future などとあいまいにせず、もっと**具体的**に表します。

8. More than half of the club members voted yes.

in the affirmative などより **yes** というひと言で十分です。

9. The housing project is still possible.

possible 1語で書き換えができます。

10. Teachers should communicate with [talk to] their students.
（教師は生徒たちとコミュニケーションをとるべきだ）

interface より relate to や、上記の例のように表現したほうが**言いたいことが明確に**伝わります。

5. 人物描写の表現パート1

学生の推薦状や評価をする際、あるいは部下の評価や推薦状を書く際に便利な人物描写の表現をまとめておきます。

accurate	正確である	adaptable	順応性がある
adventurous	大胆な	ambitious	意欲的な
analytical	分析力のある	assertive	はきはきした
calm	穏和な	candid	率直な
cautious	用心深い	cheerful	陽気な
compassionate	思いやりのある	confident	自信のある
conscientious	良心的な	cooperative	協調性がある
courteous	礼儀正しい	cynical	ひねくれた
decent	まともな	dedicated	熱心な
diligent	勤勉な	dependable	頼りになる
energetic	精力的な	generous	寛大な
enterprising	進取の気性に富んだ		
gentle	穏やかな	gutsy	根性のある
hard-working	よく働く	humorous	ユーモアのある

PART 5
動詞＋名詞を避ける

　私の提唱している Plain English 10 カ条のルール（『英語パラグラフ・ライティング講座』に収録）の中に **Use verbs. Put verbs in action.**（動詞を生かす）があります。日本人だけでなく英語が母語の人でも動詞 1 語ですむところをわざわざ動詞＋名詞の組合せで表現しようとする人が大勢います。この傾向を **the noun plague**（名詞病）と呼んでいますが、本章では「名詞病」をなくして、**簡潔な文を作る方法**についてお話ししましょう。

例題

下の動詞＋名詞の部分を動詞 1 語で表し、簡潔な文に書き換えてください。

The medicine has taken effect.
薬が効いた。

正解例

The medicine has worked.

解説

　和英辞典などには、効く = take effect と載っているので、The medicine has taken effect. でも誤りではありませんが、何かパンチがないというか締まりがありません。基本動詞 work を使って The medicine has worked. としたほうが英語としても**より自然な文**になります。
　英作文の参考書などでよく見かける「その件を考慮しなくてはならない」= We have to take the matter into consideration. も **We have to consider the matter.** とするほうが短くてスッキリした表現になります。

同様に「合意する」という場合、英語が母語の人も含めて reach an agreement を好む傾向があります。これも agree 1 語で言えてしまうので、わざわざ「動詞＋名詞」の組合せを用いる必要はありません。

「動詞＋名詞」のほうが高尚な感じがするのかもしれませんが、**情報伝達という観点からは、なるべく動詞のみで表現するように心がけるべきです。そうすることで文が生き生きとしてきます。The verb gives life to any sentence.**（動詞が文を生かす）なのです。

「彼は仕事より家庭を大切にする」も He gives priority to his family over his job. とせずに、基本動詞 put だけで **He puts his family before his job.** と表現することが可能です。

演習問題

以下の英文を、内容を変えずに簡潔な文に書き換えてください。

1. **The police report determined the truth of his statement.**
   警察の報告が、彼の陳述が真実であることを決定づけた。

2. **Low wages caused dissatisfaction among seasonal workers.**
   低賃金が季節労働者たちの不満を生んだ。

3. **You had better not place much dependence on him.**
   あまり彼に頼らないほうがいい。

4. **The economy showed a sudden sharp improvement.**
   経済は急激に回復した。

5. **He made a denial of any connection with the crime syndicate.**
   彼は、犯罪シンジケートとの関係を否定した。

6. **His statement had an obvious impact on the jury.**
   彼の陳述は明らかに陪審員団に影響を与えた。

7. **Land prices in Tokyo made a sudden downturn in January.**
   東京の地価は 1 月に急落した。

8. I have to perform problem definition and resolution.
私は問題を明確にして解決をしなければならない。

9. The construction industry is gaining momentum in the area.
建設業界はその地域で活気づいている。

10. That gives you the impetus to do the job.
それで仕事にやる気が出る。

正解と解説

1. The police report verified his statement.

determine the truth というのは「真実であると判断する・確かめる」ことなので verify だけで表現できます。

2. Low wages dissatisfied seasonal workers.

これは前述の take into consideration と同じです。動詞1語で表現できるところをわざわざ名詞形を使って表す必要はありません。

3. You had better not depend on him much.

これは 2. と同様、place much dependence は depend だけで十分です。

4. The economy rebounded.

これはやや高度な問題です。経済の動きを表している文ですが、sudden と sharp のニュアンスの入った動詞でなくてはなりません。

5. He denied any connection with the crime syndicate.

これも 2. と同様に、make a denial of は deny 1語で表せます。

6. His statement swayed the jury. （彼の陳述は陪審員団の心を動かした）

　sway は change より具体的で、左から右、あるいは右から左というように逆に変えるという意味です。

7. Land prices in Tokyo dropped in January.

　drop には suddenly というニュアンスが含まれています。

8. I have to define and resolve problems.

　これも 2. と同様です。perform ～ definition and resolution は define and resolve ということです。

9. The construction industry is booming in the area.

　gain momentum というとカッコよさそうですが、boom だけで表現できます。

10. That drives [encourages] you to do the job.

　gives the impetus も高尚に聞こえるのかもしれませんが、encourage や drive で十分です。

PART 6

抽象から具体へ

　本章の最後に、いかにして **vague language**（あいまいな表現）を避けて締まりのある文を作るかについてお話しましょう。

　私が提唱している **Plain English10**カ条のルールの中に、**Prefer the specific word to the abstract.**（抽象的な単語より具体的なものを）があります。抽象的な語や漠然とした語を使うより具体的な単語を使ったほうが、文が生き生きとしてきます。ぜひ具体的な表現を心がけてください。

例題

下の英文をより具体的な表現に書き換えてください。

He is a remarkable person.
彼はすごい人だ。

正解例

He is a language genius. He speaks four languages fluently.

解説

　人物描写をするとき、He is a remarkable person. ではいかにも抽象的です。もっと具体的に、何が「すごい」のかを言います。例えば **He is a language genius. He speaks four languages fluently.**（彼は語学の才能がある。4ヶ国語を流暢に話す）といった具合に表現することです。

　抽象的な単語を使うほうが洗練された印象を与えると思いがちですが、実は、抽象的な単語を多用するのは、文章作法上、最も望ましくない手段のひとつな

のです。

　この「抽象的な単語より具体的なものを」というルールは **vague language** を避けるというのと同じことです。英語が母語の人でも抽象的な表現を好む人もいますが、日本人はその傾向が強いようです。特に日本語を英語に置き換える際、原文の日本語が持つあいまいさに引きずられて、理解不能な英文が出来上がってしまうことがよくあります。

　一例を挙げます。10年ほど前に拙著『使える英語へ』で英作文問題集を題材にしたことがあり、その中に次のような問題文と模範解答がありました。

「よい本を読めばそれだけ立派な人間になれる」⇒ **We will be better for reading a book.**

　日本語では「立派な人間」でも違和感がないかもしれませんが、英語の場合はより具体的に「どのように、どこが立派なのか」を述べる必要があります。もしこの日本文のideaが「読書の効用」を言いたいのであれば、「自分の視野や世界が広がる」というのもひとつの答えです。ですから私の提案としては **Books broaden your horizons.** としました。

　とにかく英語で文章を書く場合は、なるべく具体的に表現するようにしてください。

演習問題

自分なりに工夫してvague languageを含まない英文に書き換えてください。

1. Tom is highly educated.
　トムは高学歴だ。

2. Jane is a great communicator.
　ジェーンは話をするのがうまい。

3. John is a careless person.
　ジョンはそそっかしい。

4. Jeff is quite an athlete.
ジェフはとてもスポーツが得意だ。

5. He couldn't complete the task that had been assigned.
彼は与えられた仕事ができなかった。

6. In terms of home prices and availability, young couples today are virtually excluded from the housing market.
現在売り出されている物件の相場をみると、若い夫婦は事実上、市場の対象外になっている。

正解と解説

以下の英文はすべて一例に過ぎません。抽象的な英文をいかに具体的に改めるかということがポイントになります。

1. Tom has a Ph.D in economics.（トムは経済学の博士号を持っている）

単に高学歴というよりはもっと具体的に「経済学の博士号を持っている」などと表現することです。

2. Jane speaks persuasively.（ジェーンの話し方は説得力がある）

もし聴衆の心をつかむのがうまいのであれば Jane grips the audience. などとも表現できます。

3. John often forgets to lock the front door.
（ジョンはよく玄関の鍵をかけ忘れる）

単に「不注意、そそっかしい人」よりは、その特徴が伝わる表現が適切です。

4. Jeff is an all-American.（ジェフは全米代表だ）

運動能力が優れているというより「全米代表」など、その優秀さを示す言葉

を選ぶことです。体育会でテニス選手として活躍していれば、**Jeff plays varsity tennis.** などと言えます。

5. He couldn't cut the deal. （彼は契約をものにできなかった）

「与えられたことをやれなかった」と回りくどく表現するより「例の契約をものにできなかった」と述べるほうがより**明確**です。

6. Few young couples today can find houses they can afford.
（若い夫婦が買えるような家はなかなかない）

これが問題文の伝えたい内容です。この問題文は実際の英文記事の文ですが、プロの記者でも持ってまわった言い方をするのが好きな人もいます。しかし**情報伝達の文**という観点からはよい文、キレのある文とはいえません。

chapter
4

日本人英語からの脱却

PART 1 フォーマルな文体

　日本人の書いた英語を見ると、英語として正しくてもフォーマルな文体とインフォーマルな文体が混在していることがあります。**きちんとした大人の英語を書くには、フォーマルならフォーマルで、インフォーマルならインフォーマルで統一しなければなりません。**

　現在、米国でのbusiness writingは、**Write the way you talk**（話すように書く）が基本です。つまりビジネスの世界でも私が提唱しているPlain Englishと同様に**informal writing**が主流になっているのです。しかし、**時と場合によってはformal writing**も必要になりますから、そのためにも文体の違いを知っておいて損はありません。まず簡単にフォーマルとインフォーマルの違いを挙げてみます。

■フォーマル
1. 無生物主語が多い。
2. 受け身が多い。
3. 動名詞句などが多い。
4. ラテン語系や外来語が多い。

■インフォーマル
1. 人称を主語にする。
2. 能動態が多い。
3. 動詞を生かす。
4. ゲルマン語系が多い。

例題

下の英文の中でインフォーマルな箇所はどこでしょうか。

I don't think this is right.
これはよくないと思う。

正解例

I don't think / that の省略 / right

解説

例題の英文をフォーマルにすれば、**It does not seem that this is appropriate.**（これは適切ではないと思います）となります。
　また通常は一般論を表す主語は you ですが、formal writing では one となります。
　can't / doesn't / He's などの省略形も **formal writing** では使いません。そして一番の特徴は **colloquialism**（口語表現）、**idioms**（慣用表現）などを極力避けることです。もちろん **slang** などはもってのほかです。したがって、formal writing はある意味で無味乾燥な文体と言えます。
　The guy was nabbed for ripping off a convenience store.（その男はコンビニ強盗で逮捕された）を formal writing にすると、The man was arrested for robbing a convenience store. となります。
　文構造においても、Plain English ではできるだけ simple sentence（単文）を使うようにすすめていますが、**formal writing** では **complex sentence（複文）**が多用されます。
　例えば、**Plain English** では **one piece of information in one sentence**（1文には1つの情報）が原則ですので、Tom went to college. That helped him land his job.（トムは大学を出ている。それが就職に役立った）のような形にな

ります。他方、formal writingでは上記の2つの情報を1つにして、The fact that Tom went to college helped him land his job. という **complex sentence** で表すわけです。

演習問題

以下の英文をフォーマルな文に書き換えてください。

1. **Tom is really into video games.**
   トムはテレビゲームにはまっている。

2. **Mary is very good at tennis.**
   メアリはテニスがとても得意だ。

3. **John has been teaching for six years.**
   ジョンは教師を6年やっている。

4. **I can't stand this any more.**
   こんなのもうがまんできない。

5. **I want to complain about one of your sales clerks.**
   おたくの店員についてクレームがあるんですけど。

6. **Kent knows his stuff.**
   ケントは万事心得ている。

7. **Susan has been doing science for four years.**
   スーザンは4年間科学に携わっている。

8. **I think we are in for a storm.**
   嵐になりそうだ。

9. **He has a way with children.**
   彼は子供の扱いがうまい。

10. I can't make it to the meeting.
私は会議に出られない。

正解と解説

1. Tom enjoys video games.

into 〜で「〜に凝っている」という意味ですが、**enjoy** や **be interested in** あるいは **be involved in** がフォーマルな表現です。

2. Mary excels in tennis.

かなり形式ばった感じがします。

3. John has been a teacher for six years.

動詞より名詞が主体になります。

4. This cannot be tolerated any more.

省略形なし、**能動態より受け身**、さらに **big word** を使います。

5. I would like to lodge a complaint about one of your sales clerks.

名詞中心の構文になります。

6. Kent is an expert on the Internet.
（ケントはインターネットのエキスパートだ）

動詞・慣用句を避けた表現になります。

7. Susan has been a scientist for four years.

3. と同様名詞で表します。

8. A storm is expected.

be in for は、良くないこと・悪天候などに「きっと出合う」の意味です。

9. He handles children skillfully.

have a way with ～は「～の扱いがうまい」の意味です。

10. I will not be able to attend the meeting.

フォーマルな場面ではこのほうが適切です。

---

6. 人物描写の表現パート2

idealistic	理想主義の	imaginative	想像力のある
impulsive	直情的な	a person of integrity	誠実な人
loyal	忠実な	modest	謙虚な
nervous	神経質な	nonchalant	無頓着な
open-minded	開けた、偏見のない		
organized speaker	論理立てて話す人		
patient	我慢強い	playful	ちゃめっ気のある
popular	人気のある	proficient in ～	～に通じている
punctual	時間に正確な	positive	前向きな
quiet	寡黙な	realistic	現実的な
rebellious	反抗的な	reliable	頼りになる
reserved	控えめな	responsible	責任感のある
self-disciplined	自制心の強い	sensitive	繊細な
sociable	社交的な	stable	堅実な
straightforward	裏表のない	tactful	如才ない
trustworthy	信頼に足る	vocal	口うるさい
well-organized	きちんとした		

PART 2

Politeness

　フォーマル、インフォーマルの話と重なりますが、英語でもていねいな言い方というものがあります。場面によりまた相手によって、どう使い分けたらよいか見てみましょう。

例題

下の日本文を英語にしてください。

【正式なパーティへの招待】
4月9日金曜日午後7時30分より、ウィリアムズホテル、ダンスホールにおいてダンスパーティを催したいと存じます。なにとぞご来臨賜りますようお願い申し上げます。

　　　　　　　　　　　　　　　　　　　　　　　　　ハーバースプリング市商工会
　　　　　　　　　　　　　　　　　　　　　　　　　代表　バンス・ジョーダン博士

正解例

THE HARBOR SPRINGS CITY TRADE COMMISSION
requests the pleasure of your company
at a dinner dance in honor of
Dr. Vance Jordan
on Friday, April 9, 7:30 p.m.
The Ballroom of the Williams Hotel

RSVP

chapter 4

解説

　これが一番フォーマルな、言い換えれば、ていねいな文体です。**日時や場所を行を替えてきれいに並べる**のもこの種の文の特徴です。

演習問題

下の日本文を英語にしてください。

1. 【子どもから母親へのメモ】
   パパから電話あり。会社に電話して。

2. 【上司への伝言メモ】
   午後2時20分にお父様から電話がありました。折返しお宅のほうにお電話くださいとのことです。

3. 【友人への招待e-mail】
   今度の土曜日（6月20日）、家でバーベキューをします。よかったらいらっしゃいませんか。1時ごろから始める予定です。

4. 【社内の送別会の案内】
   このたび営業部の加藤三郎氏が北海道支社に転任されることになりました。つきましては、これまでお世話になった感謝の意を表し、同氏の前途を祝して、以下の通り送別会を開きたいと思います。皆さんのご出席をお願いします。
   日時：　2月7日（金）　18:00より
   場所：　伊藤亭
   会費：　6000円
   尚、参加者は2月5日までに営業部白石あてにご連絡ください。

5. 【友人の送別会e-mail】
   今度加藤君が大阪に転勤になるそうです。彼の送別会をかねて久しぶりに佐藤君、山田君と5人で集まりませんか。2月7日を予定しています。連絡ください。

6. 【友人のアポ】
   今週の金曜の夜、会いたいんだけど。7時ごろはどう？

7. 【友人のアポの返事】
　　金曜日は出張で、帰りが遅くなるから無理だと思う。土曜日なら大丈夫。

8. 【得意先のアポをとる】
　　6月19日（金曜日）の午後、お目にかかりたいのですが。ご都合はいかがでしょうか。

9. 【得意先のアポの返事】
　　あいにく6月19日は出張が入っております。別の日をご提案いただけますでしょうか。来週であれば大丈夫です。

---

1. Dad called. Call his office.

親子の間のメモですから、最小限度で事足ります。

2. Your father called the office for you at 2:20. He is expecting a call from you. His phone number: xxxx-xxxx

上司に対してですから、1.と比べるときちんとした文体になります。日本文とは異なり主語を「父」に統一してあります。

3. We are going to have a barbecue at home next Saturday (June 20th). Please come and join us. The party begins at 1:00 p.m.

これも友人に対してなので、e-mailではあっても電話の会話となんら変わりありません。

4. Re: Farewell party for Mr. Saburo Kato
　A farewell party for Mr. Kato is scheduled for Friday, Feb. 7. Mr. Kato will be transferred to the Hokkaido branch next month.
　Place: Itoh-tei

Time: from 6:00 p.m.
Budget: 6,000 yen per person
R.S.V.P. Contact Kazuo Shiraishi at the marketing department by Feb. 5.

多少改まった文体であるのは最初の文の受動態に表れています。日本語のこういう会の会費にあたる英語表現は、実はありません。feeやcostではいずれも違います。戸口で払うか、前もって払うか、どのような払い方をするか不明なのでbudgetとしておきました。

5. Let's have a get-together for Taro. I will ask Jun and Atsushi to join us. Taro will be transferred to Osaka next month.

友人同士の集まりなどはget-togetherが使えます。友人同士なのでこのメールに返事を出せば場所や時間のメールが返ってくるでしょう。

6. Let's get together and have a drink this Friday. Is seven o'clock all right with you?

これも友人なのでカジュアルな文です。相手の都合を尋ねる場合はconvenientなどは用いずにall rightを使います。

7. Sorry, Friday is not good for me. I will come back to Tokyo very late. How about Saturday?

1文では述べずに文を分けて伝えます。

8. I wonder whether you could see me on the afternoon of June 19. または
I would like to make an appointment with you. Is Friday June 19 good for you?

仕事文なので、ていねいにするため仮定法を用います。

9. Unfortunately, I will be out of town on June 19. I will be available next week.

同じく仕事文調です。仕事なのでopenではなくavailableを用います。

---

7. 動詞の文型

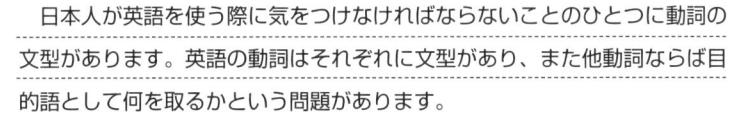

日本人が英語を使う際に気をつけなければならないことのひとつに動詞の文型があります。英語の動詞はそれぞれに文型があり、また他動詞ならば目的語として何を取るかという問題があります。

次の文のどこがヘンでしょうか。

The board of directors will select the best plan.

（重役らが一番よいプランを選ぶだろう）

日本語の感覚では少しもおかしくないと思われるでしょうが、selectの目的語には選ばれる対象そのものがきます。つまりこの文では、誰々のプランということが目的語にこなければなりません。そのプランを「the best planとして選ぶ」という使い方をするのです。ですから、正しくはThe board of directors will select John's plan as the best plan.という形になります。この文はどうでしょう。

Please recommend me a hotel in New York.

（ニューヨークのホテルを紹介してください）

recommendは、giveなどのいわゆる授与動詞とは異なり、recommend＋人＋モノ、という形ではなく、人であれモノであれ推薦するものどちらか1つしか目的語としてとれません。

動詞の型は英語が母語の人でも初めから習得しているわけではありません。皆さんの場合は面倒でも英英辞書などで確認しながら覚えることです。

chapter
5

英語ライティングの実践

PART 1

e-mailの書き方5か条

私がすすめる「e-mailの書き方5か条」について、以下に順を追って解説していきます。

1. 結論を先に述べる
2. 時が大事
3. 表現レベルを統一
4. 一文を短く
5. 短い単語を使う

1. 結論を先に述べる

e-mailに限らず英語を書く際に一番大切になるのが、「結論を最初に書く」、つまり自分が「相手に一番伝えたい内容を最初に述べる」ということです。あなたのメールを目にしたアメリカ人は、最初の数行で、要、不要を判断してしまうことが多いので、とにかく**言いたいことが何なのか**を考えてください。

Yes、Noを問われているメールには、最初に結論となる回答をはっきり入れます。日本人は断るのが苦手でいろいろ言い訳がましくつけ加えがちですが、相手を気遣った遠まわしな断り方は誤解のもとです。もしNoなら、次のように自分の意図をはっきり伝えてください。

Unfortunately, I am not able to meet your request.
（残念ながら、貴方のご希望に沿うことができません）

また、初めての相手には自分の名前、立場、メールを送る理由を最初に述べます。相手がこちらのことを全く知らない場合には、結論の前にまず、**自分が**

だれなのかを名乗ることが必要です。そうしないと、メールをもらったほうは話が見えません。例えば話を整理して誤解を解きたいときには、次のように始めます。

I am Kelly Itoh, president of Kelly's English Lab. I must straighten things out.
(私は、ケリーズイングリッシュラボ主宰のケリー伊藤です。はっきりさせたいことがあります)

2. 時が大事

海外とのメールのやり取りでは時差を考慮する必要があるので、**日時、場所などを明記しましょう。**「あと数日で」というような、**あいまいな表現は絶対に入れないことが大切です。**メールの場合は、通信上の不具合で、必ずしもすぐに着くとは限りません。こちらが相手にいつそのメールを出したのかを知らせるためにも、「○月○日、○時」といったように明記することが肝心です。

3. 表現レベルを統一

日本人が書く英文には、カジュアルな表現とていねいな表現が混在している場合が少なくありません。こうした文を多用すると、ビジネスでは**信頼度を欠く**ことになるので、要注意です。悪い例を示しますので、次の文を見てください。

I would like to inform you that my plane is going to arrive at Kennedy Airport at eight. So, I can't make it.
(私はケネディー空港に8時に到着する予定ですので、間に合わない)

最初の文がフォーマルなのにもかかわらず、次の文では I can't make it. とカジュアルな表現になっています。前文に続いて表現レベルを統一するなら、**I won't be able to attend the meeting.** とするのが適切です。

4. 一文を短く

「一文を短く」というのは、私が唱える Plain English のルールの1つですが、

e-mailでは、特に重要な要素になります。あくまでも**文はやさしく、短く、誤解を生まないように書く**のが原則です。長くても1文10語前後に収めるようにしましょう。

【悪い例】
Could you tell my cousin Steve who wants to go to New Jersey this weekend the best way to get there from Boston?
(この週末、ニュージャージーに行きたいと思っている従弟のスティーブにボストンからそこまでどうやって行けば一番いいか教えてやってくれませんか)

【よい例】
My cousin Steve wants to know the best way to get to New Jersey from Boston. Could you give him some suggestions?
(従弟のスティーブはボストンからニュージャージーへどうやって行けば一番いいか知りたがっています。彼にアドバイスしてくれませんか)

このように、言いたいことを無理に1つの文に押し込まずに、2文に分けることで、簡潔で尋ねたいことがすっきり伝わるようになります。

5．短い単語を使う

「短い単語を使う」もPlain Englishのルールの1つです。
例えば、「状況は悪化している」という場合、The situation is deteriorating. でも間違いではありませんが、やさしい単語で、**Things are getting worse.** と表現することができます。

PART 2
e-mail・手紙の書式

　前項の「e-mailの書き方5か条」を踏まえて、e-mailの書き方全般について話を進めます。最近は日本でもe-mailの書き方を説いた本が多数出回っていますが、通常のメール（snail mailと言う）にも役立つように比較しながら解説していきます。まずはformat（書式）からおさらいしておきましょう。

---

1. **Date**（日付）
2. **Attention line**（特定宛名）
3. **Inside address**（書中宛名）
4. **Subject line**（主題）
5. **Salutation**（敬辞）
6. **Body of the letter**（本文）
7. **Complimentary closing**（結辞）
8. **Signature**（署名）
9. **Reference initials**（発信者認識イニシャル）
10. **Enclosure notation**（同封物注記）
11. **Copy notation**（写し送付注記：メールの写しを受信者以外に送る場合の宛先）

　以上が、snail mailのformatです。
　e-mailでは、2. Attention lineと3. Inside addressは通常省かれますが、場合によって2. Attention lineが入ることもあります。例えば**Confidential**（親展）などです。
　4. Subject lineは、reference lineとも呼ばれe-mailでは**Re:**のように省略形で用いるのが普通です。
　では、5. Salutationからもう少し詳しく説明していきましょう。

■Salutation

5. Salutationは、snail mailに比べるとe-mailでは簡略化される傾向にありますが、初めてe-mailを出す相手などに対してはsnail mail同様、注意を払う必要があります。

◆1人の男性

まず相手が男性なら最も一般的なのはsnail mailと同様に**Mr.をつけて姓だけにする方法**です。あるいは**Mr.を取って名と姓を並べる**のも最近の傾向です。もう少し親しい間柄の場合は、名だけにします。

> 【例】
> **Dear Mr. Brown:**
> **Dear John Brown:**
> **Dear John:** (コロン)
> **Dear John,** (コンマ)

英米の名前にはたまにJr.とかIII (3世) などがついていることがありますが、salutationには入れません。

◆複数の男性

もし一度に複数の男性に宛てる場合、市販の参考書や辞書に載っているMessrs.は現在ではsnail mailでも使われないので要注意です。前述したように苗字にMr.をつけるか、名と姓か、親しければ名だけにします。

> 【例】
> **Dear Mr. Brown, Mr. Kerry, and Mr. Williams:**
> **Dear John Brown, Mat Kerry, and Joe Williams:**
> **Dear John, Mat, and Joe:** [,]

◆1人の女性

さて、女性の場合は人によってMrs.やMissを好む人もいますが、**未婚者も既婚者もMs.をつける**のがsnail mail、e-mailを問わず一番無難です。もし相

手がMrs.を好むなら返信の際にそう書いてくるはずです。男性の場合と同様にMs.をつけて姓だけか、Ms.をつけずに名と姓か、親しければ名だけにします。

> 【例】
> Dear Ms. Brown:
> Dear Mary Brown:
> Dear Mary:[,]

◆複数の女性

複数の女性に宛てる場合も男性と同じです。

> 【例】
> Dear Ms. Brown, Ms. Kerry, and Ms. Williams:
> Dear Mary Brown, Ann Kerry, and Jane Williams:
> Dear Mary, Ann, and Jane:[,]

◆カップル

男女のカップルについてはどうでしょう。結婚していて姓が同じ場合は一番簡単です。**Mr. and Mrs.**をつけて姓だけにするか、敬称をつけずに2人の名の後に姓を続けます。親しければ2人の名だけを並べます。

> 【例】
> Dear Mr. and Mrs. Brown:
> Dear John and Mary Brown:
> Dear John and Mary:[,]

結婚していても夫と妻が異なる姓を使っている場合は次のようにします。

> 【例】
> <夫がJohn Brownで妻がMary Williamsなら>
> Dear Mr. Brown and Ms. Williams-Brown:
> Dear John Brown and Mary Williams-Brown:
> Dear John and Mary:[,]

◆性別が不明な場合

　もし相手の性別が不明の場合はどうすればよいでしょうか。例えば私の名前のKellyは男女ともに使われます。無難なのは初めてe-mailを出す際には**Mr.**も**Ms.**も入れずに**Dear Kelly Itoh:**とすることです。これは決して失礼な用法ではありません。相手が男性なら返信の際に自分で（**Mr.）Kelly Itoh**のように明記してくるはずです。

◆他の称号

　相手が医者などで博士号を持っているのがわかっていればMr.、Ms.ではなく**Dr.**を用いるのはsnail mailでもe-mailでも同じです。

◆不特定多数

　salutationの注意点として、日本で出ている手紙本の中にいまだに不特定多数に宛てる場合に**Dear Sir / Madam**あるいは**Dear Ladies and Gentlemen**と載っているものがありますが、**絶対に使わないようにしてください**。人によってはsirと使われただけでバカにされたような気になります。仕事文で不特定多数を対象にメールを出すときは、具体的な対象を用います。

> 【例】
> **Dear Customer:**
> **Dear Reader:**

◆宛名が不明な場合

　誰に宛てていいかわからない場合、部署名がわかっていれば、それをsalutationにあてます。もし部署も不明の場合は、昔から使われている**To Whom It May Concern**：をおすすめします。これも古い言い方ですが、切手を貼って送るsnail mail、e-mail共に現役で使えます。

> 【例】
> **Dear Financial Aid Office:**
> **To whom it may concern:**

■ Body of the letter

　さて、salutationの次は **6. Body of the letter**（本文）がきます。現在では、**snail mail**も**e-mail**も左側に行をそろえてシングルスペースで書き、パラグラフとパラグラフの間をダブルスペースにする、いわゆる**block format**が主流です。

　親しい友人ならば、**Hi!** とか、**How are you?** などで始めますが、ちょっとフォーマルな文面や、ビジネスでの書き出しをいくつか挙げてみましょう。

　初対面の人にメールを送る場合には、まず自分の名前を名乗ります。その後に、ステイタスなどを述べます。

I'm Kelly Itoh. I'm representing Kelly's English Lab.

といった具合です。

　その後に用件が続きますが、前に紹介した「5か条」(p.80)のように、くれぐれも何が一番伝えたい情報かを考えて内容を整理してください。日本的な時候のあいさつや前置きは不要です。皆さんがすぐに使える一般的な表現を挙げておきます。

◆**I am writing about...**
　「〜の件に関してお便りしています」という意味で、内容が**about**以下にきます。

◆**...inform you that...**
　「〜をお伝えします」という意味で、内容が**that**以下にきます。

◆**I am [We are] happy to tell you that...**
　何かよい知らせをする場合に使います。内容が**that**以下にきます。

◆**I'm writing to you about...**
　「〜の件でご連絡しています」という意味で、内容が**about**以下にきます。

◆I am getting back to you about. . .
「折り返し連絡しています」という意味で、内容が**about**以下にきます。

◆This is just to tell you that. . .
「～を取り急ぎお知らせいたします」という意味で、内容が**that**以下にきます。

◆I feel highly honored to + 不定詞
「大変光栄です」という意味で、内容が**to**以下にきます。

他に、書き出しでよく使われる表現で注意すべき点に少し触れておきましょう。

文頭で一番よく使われる「～の件についてご連絡しております」という表現の「～について」ですが、e-mailのやりとりは、元来、簡略的なもので、フォーマルな文書ではないので、**about**を使うのが普通です。e-mailでも、もしていねいな表現をしたいとしたら、**as for**「～に関しては」、**on**「～については」を使います。

辞書やライティングの参考書などでは、「～について」の表現として、**concerning**、**regarding**、**in regard to**、**with regard to**、**with reference to**、**in regard to**などの表現が列挙されていますが、ほとんど使われないものばかりです。中には半世紀ほど前の表現も含まれています。

■Complimentary closing

さて、最後の**7. Complimentary closing**（結辞）ですが、仕事で使うe-mailの文では**Thank you.**だけで十分です。例えばお礼のメールでThank you very much for getting back to me.（折り返しのお返事どうもありがとうございます）と**Thank you**で始めても、結びの言葉は**Thank you.**です。

ただし、お悔みや、何かの不祥事を詫びる文面であればThank you.の代わりに**Sincerely**を使ってください。Sincerelyにyoursをつけて、**Sincerely yours**とすると、もっとていねいな表現になります。

親しい間柄では**Regards**や**All the best**もよく用いられます。また、**Yours truly**や**Respectfully yours**は米国大統領にでもメールを出さな

限り使いません。

　complimentary closing の後は、**signature line**（署名）を書いて、通常は終わりです。

8. カタログパート1

　日本では「カタログ」を pamphlet と訳している場合が多いのですが、日本語でいういわゆる「パンフレット」は brochure にあたります。もちろん pamphlet という英語はありますが、製品などの紹介ではなく、「高血圧の対策」とか「エイズ予防対策」などという公共性の高い情報を扱った小冊子に対して使われます。

　他にも類似する語がいろいろありますが、次のような違いがあります。

　まず catalog ですが、その社の全製品が載っている「総合カタログ」を指します。日本語にとらわれて general catalog という表現をよく目にしますが、それは誤りです。catalog の意味の中に general は入っています。この語は可算名詞です。

　brochure は、1つの商品についてだけ説明が書いてあるカタログです。これも可算名詞です。

　newsletter は、会報・クラブの会報など、会社の今月のお知らせのことです。通常は定期的に購読者に送られます。最近はハードコピーだけでなく e-mail でも送られます。可算名詞です。

PART 3 依　頼

ここから、メールの目的別に具体的な表現を学んでいきましょう。
英語では**一番大切な用件を先に述べる**のが鉄則です。

例題

下の英文が英語として不適切な場合は書き直してください。

I would be grateful if you could give me some information on the latest model.
最新モデルについて資料をいただければ幸甚に存じます。

正解例

Please give me some information on the latest model.

解説

　この用例は日本でおなじみです。これは確かに何十年か前には英語が母語の人々の間でも使われていた言い回しですが、現代の米国でこのような文章を書くことはまずありません。私などはここまでへりくだられると、慇懃無礼というか、かえってバカにされている気さえします。
　もし相手に依頼をしたいのなら、もっとストレートに言います。I would be grateful if you could ～ではなく、**Please give me some information on** ～となります。特に本文のような場合、無理なお願いをしているわけではあり

ません。ですから、**命令文**でよいのです。命令文という言葉の響きが日本人にはよくないのかもしれませんが、**英語の命令文は相手に動作を促すためのもの**なので、失礼でも何でもありません。

広告文は **Call now. // Order now. // Buy now.** のように、お客に向けてのものであるにもかかわらず、すべて**命令文**です。

演習問題

下の英文が不適切な場合は書き直してください。

1. I would really appreciate it if you could help me with this project.
   この計画であなたのご助力をいただければ幸甚に存じます。

2. I have a favor to ask of you.
   お願いがあります。

3. Forgive me for troubling you, but you are the only person I can turn to.
   ご迷惑をかけて申し訳ないのですが、あなたしか頼る人がいません。

4. Please be sure to send them whenever you can.
   いつでも結構ですから、お手すきのときに送っていただけますでしょうか。

5. Would you please let me know if your check has been mailed. If not, I would appreciate your sending it to the address indicated above.
   小切手をお送りいただいたかどうかお知らせいただけますでしょうか。もしまだでしたら、上記送り先までお送りいただければ幸いです。

6. This letter is to ask you to send me your 2006 Spring catalog.
   御社の2006年春のカタログをお送りいただきたく手紙を差し上げました。

7. I would be happy if I could have three more days to complete the paper.
   論文を仕上げるのにあと3日いただければ幸いに存じます。

chapter **5**

8. We would like the deadline to be extended, as something unexpected has occurred.
不測の事態が発生しましたので、締め切りの期限を延長していただけないでしょうか。

9. Would it be possible to pay the bill every month?
請求書の支払いを、1ヶ月毎にしていただくことはできませんか？

10. Could you allow us to use your conference center in Bangkok for our reception?
御社のバンコクの会議場を弊社のレセプションに使わせていただけるよう許可をお願いいたします。

正解と解説

1. I wonder whether you could help me with this project.

　仮定法を使ったこのような表現は、英文レターの書き方にはよく載っている表現ですが、50年以上前の言い回しで今はほとんど使われていません。ここまで仮定法でへり下って言うと、相手は逆にバカにされている感じがします。**現在、英語圏において、人に依頼をするときの失礼のない言い方はI wonder whether you could ～です。**これをしっかり覚えていれば、どのような場合にも置き換えられます。内容に応じて命令文と使い分けてください。

2. I have something to ask you.

　favorは、後ろに不定詞を伴って用いることはありません。favorを用いるなら、**Can I ask a favor?** か、**Can you do me a favor?** のように使います。ただし、これらは通常相手に面と向かって用いる表現で、メールでは使いません。「お願いがあります」ということを自然な英語で表現するなら正解例のようになります。

3. Sorry to bother you, but you are the only person I can turn to.

　まず、forgiveという動詞はこれからすることを許してもらうのではなく、す

でにやってしまったことに対して許しを請うときに使います。つまり、**Forgive me for troubling you** というと、すでに迷惑をかけてしまったことになります。

4. Please send them.

「お手すきのときに」で、whenever you can となっていますが、英語の感覚では、いつでもいいなら送る必要はないということになるので、入れる必要のない語句です。be sure to も逆に強すぎて「必ず〜しろ」という感じです。

5. Please let me know whether your check has been mailed. If not, please send your check to the address above.

もし相手に依頼をしたいのなら、もっとストレートに言います。Would you please ではなく、**Please let me know** 〜でよいのです。2文目も I would appreciate とありますが、ここまでていねいに言う必要はありません。

6. Please send me your 2006 Spring catalog.

たかがカタログを送ってもらう依頼に This letter is to ask 〜は大げさすぎます。**命令文に Please** をつければ十分です。相手にとってこちらは客ですし。

7. I wonder whether you could give me three more days to complete the paper.

期限の延長を頼む内容です。ここでも I would 〜 if I could の仮定法の文が使われていますが、何度も述べているようにやりすぎです。ここでは期限の延長をお願いしているので、**I wonder whether** 〜を使います。

8. I wonder whether you could extend the deadline.

問題の文だと締切自体が延期する感じです。相手に延期をしてもらうので、**I wonder whether** の後は **you** を用います。

9. I wonder whether I could pay every month.

会話で相手に面と向かって質問する場合は問題文でも結構ですが、e-mail などでは **I wonder whether** のほうが適切です。

10. I wonder whether you could give us permission to use your conference center in Bangkok for our reception.

これも9.と同様にe-mailなどでは **I wonder whether** がよいでしょう。また、正式な許可を求める場合はallowなどより、**permission** を用いましょう。

表現集

e-mail に役立つ表現を集めました。英文ごと覚えて自由に使いこなせるようになってください。まずは依頼の表現です。

☐ **I have something to ask you.**
　お願いがあります。

☐ **Please let me know whether your check has been mailed. If not, please send your check to the address above.**
　小切手をお送りいただいたかどうかお知らせいただけますでしょうか。もしまだでしたら、上記送り先までお送りください。

☐ **I wonder whether you could extend the deadline.**
　締め切りの期限を延長していただけないでしょうか。

☐ **I wonder whether you could give us permission to use your conference center in Bangkok for our reception.**
　御社のバンコクの会議場を弊社のレセプションに使わせていただけるよう許可をお願いいたします。

☐ We are interested in importing single molt Scotch and would like to receive a copy of your latest sales brochure, export price list, and export terms.

シングルモルトスコッチを輸入したいと考えています。貴社の販売用最新パンフレット、輸出価格表および輸出約款をお送りいただけますでしょうか。

☐ Please let me know what quantities you can supply from stock and your earliest date of delivery. In addition, let me know whether you grant a ten-percent discount.

在庫から即出荷できる数量と最短の納期をお知らせくださいますようお願いいたします。また、10％の値引きをしていただけるかも合わせてお知らせください。

☐ Please send us literature on a new digital camera advertised in the Sunday edition of Harbor Springs News.

ハーバースプリングスニュース紙、日曜版の広告に載っていた新製品のデジタルカメラについて資料をお送りくださいますようお願いいたします。

☐ Please give me a quote for the supply of 200 of Model 40 computers.

40型コンピュータ、200台の見積もりをお願いいたします。

☐ Please let us know on what terms you can deliver the HDD recorders.

HDDレコーダーの納品条件をお知らせくださいますようお願いいたします。

☐ Please send us your latest catalog and full details of your export prices, discounts, and terms of payment.

貴社の最新カタログおよび輸出価格・割引・支払い条件についての資料をお送りくださいますようお願いいたします。

PART 4 承諾・断り

次に、依頼のメールなどへの返事として承諾する場合、断る場合の表現を見てみましょう。

例題

下の英文が英語として不適切な場合は書き直してください。

I regret to tell you that I can't attend the conference.
残念ですが、会議には出席できません

正解例

Unfortunately, I won't be able to attend the conference.

解説

　regretはbe sorry or sad aboutという意味で、かなりフォーマルな言い方です。不合格通知などに用いますが、招待に対する断りや会議の欠席の連絡などには用いません。また単に**状況説明をしているので、助動詞canは不適切**です。ある未来の時点で出られない状況であるという場合はwillとbe ableの組合せを用います。
　「残念ですが」には**Unfortunately**が妥当です。

演習問題

下の英文が不適切な場合は書き直してください。

1. Unfortunately, I cannot respond to the request.
   残念ながら、ご要望にはお応えできません。

2. Your counter proposal on the project has been reviewed and is acceptable in its entirety.
   本事業に関する貴社ご提案を検討いたしましたが、すべてこれで結構です。

3. This is to inform you that we have carefully reviewed your quotation. We have decided to make a contract with you.
   貴社お見積もりを慎重に検討いたしました。本件については貴社にお願いしたいと思います。

4. We will give approval to the extension you have requested. Please make sure, however, that this will not happen again in the future.
   依頼のあった期限延長を承認いたします。ただし今後このようなことがないように願います。

5. This letter is to acknowledge our receipt of the request and to advise you that we will be submitting our proposal before October 31, 2005.
   ご依頼、確かに拝受いたしました。弊社の提案は2005年10月31日までに提出いたします。

6. Regrettably, we cannot supply the product. The item is out of stock and we do not have a firm date for further supplies. However, if we receive more stock in the near future, we will contact you.
   残念ながら、本製品は供給できません。ただいま在庫切れで入庫日は確定しておりません。しかし、近く在庫になりましたらご連絡差し上げます。

7. Thank you very much for your invitation to address the meeting at

chapter **5**

Grand Hotel in Osaka on October 24. I am pleased to accept your invitation.

10月24日、大阪グランドホテルでの会議でスピーチをとのご招待をいただきまして誠にありがとうございます。喜んでご招待を受けさせていただきます。

8. Unfortunately, I cannot attend this meeting owing to a prior engagement on that same date. However, I will be happy to address your organization on another occasion.

残念ですが、同日に先約があるため会議には出席できません。しかし、またの機会に喜んでスピーチをさせていただきたいと思います。

9. We cannot accept the quote.

その見積もり価格は承諾できません。

10. We are pleased to accept your kind invitation to attend the dinner at Grand Hotel on Saturday, September 12.

9月12日、土曜日、グランドホテルでのディナーへのご招待を、喜んで受けさせていただきます。

11. Mr. and Mrs. David Williams sincerely regret that owing to a previous engagement they are unable to accept the kind invitation for the dinner to be held on Saturday, September 12.

ディビッド・ウイリアムズ夫妻は、たいへんに遺憾ながら、先約があるため9月12日、土曜日のディナーへのご招待をお受けすることができません。

12 We regret that we have to decline your request for a six-month extension of your personal loan.

遺憾ながら、ローン返済の6ヶ月延期のご要望はお断りせざるを得ません。

正解と解説

1. I am not able to meet the request.

ビジネスなどの断りで「〜ができない」というときは **not able to** を使います。**cannot（can't）**は使いません。can は可能性を表しますが、助動詞を使

うと話者の気持ちが入ります。ビジネスで**客観的事実としてできる、できない**という場合は助動詞は用いません。

2. Your counter proposal is acceptable.

この文で大事なのは、**相手の提案を受け入れる**ということです。また、問題文はひと続きの文に受け身の現在完了形と現在形＋形容詞という、時制もスタイルも異なる文が混在しています。よい英文という観点からは**同じ時制やスタイルを続け**ます。

3. We have carefully reviewed your quotation and we have decided to make a contract with you.

This is to inform you の後ろには一番に知らせたい情報を持ってきましょう。慎重に検討したというのはプロセスであって、ここでは一番伝えたいことではありません。もし、～ to informで始めるのならば「あなたと契約することにした」というほうが前にくるべきです。**検討してこう決めたということを伝えたければ2つの事柄をつなげて述べればよいのです**。

4. We will give you the extension. Please make sure that this will not happen again.

許可を求めるときに使った **give** を今度は**許可を与えるときに使う**ことができます。**give you the extension** で「**延長を許可します**」という意味になります。また、ここでは逆のことを言っているわけではないのでhoweverは必要ありません。

5. We have accepted your request and we will be submitting our proposal before October 31, 2005.

acknowledge は、**承認**を表す場合に用います。依頼を物理的に受け取ったことを述べるのにacknowledge は不適切です。また、advise を「通知する」という意味で用いたのは過去の話です。現在のビジネス文には用いません。

6. Unfortunately, your order is out of stock. We will contact you when the item gets into stock.

　regrettablyは、後悔、残念、悲しみを表す副詞です。このような、単に品物の在庫がない程度のことに用いるのは大げさです。相手の注文に沿えないのならunfortunatelyで十分です。また何度も述べていますが、ビジネス文ではcannot（助動詞）は使いたくありません。客観的に状況を説明すればよいのです。次の入荷がいつになるかわからないのであれば言う必要はありません。howeverも逆接の内容ではないので省きます。

7. Thank you very much for your invitation to address the meeting. I am delighted to speak on the occasion.

　招待に対する返事なので相手は何についてかわかっているはずですから、**invitation**の後は**簡略化**します。またpleasedはえらそうに響きますから**happy**や**delighted**にしましょう。

8. Unfortunately, I will not be able to attend the meeting. I will have another engagement on the same date. I will be happy to address your organization on another occasion.

　Unfortunatelyは結構ですが、助動詞cannotは不適切です。ここでもhoweverは、内容が逆接ではないので省きます。またprior（前の）とthe sameが対応しないので、ここではanotherにします。文全体もowing toなどで続けずに出席できないことと理由は別の文にしたほうがすっきりします。

9. The quote is too high for us.

　1.で述べたようにビジネスではcannotなどの助動詞を用いずに客観的に述べることが大切です。ですから、事実として見積もりが高すぎるといえば受け入れられないことになります。

10. Thank you very much for your invitation to the dinner. We are delighted to attend the dinner.

まず招待に対してお礼を述べましょう。またpleasedは前述の理由よりdelightedとします。

11. Thank you very much for the invitation. Unfortunately, however, we will not be able to attend the dinner. We will have a previous engagement.

これもまずお礼から始めるほうが感じがよいでしょう。sincerely regretは、それほど悔いているのならなぜ出席しないのか、ということになりますからやりすぎです。しかも、何か過ちを犯したわけでもありません。このような場面では不適切です。

12. We are sorry to inform you that we have to decline your request for a six-month extension of your personal loan.

regretの後にthatの節を続けるとthatの内容を悔いていることになります。内容はお断りなのでこれを悔いる必要はないのです。要は「お伝えしにくいことだが実は〜です」というようにすべきです。

表現集

承諾・断りを伝える際によく使う表現を集めました。英文ごと覚えて自由に使いこなせるようになってください。

☐ I am not able to meet the request.
　ご要望にはお応えできません。

☐ Your counter proposal is acceptable.
　貴社ご提案で結構です。

- ☐ **Unfortunately, your order is out of stock. We will contact you when the item gets into stock.**
  残念ながら、ご注文の品は在庫切れです。入庫しましたらご連絡差し上げます。

- ☐ **Unfortunately, I will not be able to attend the meeting. I will have another engagement on the same date. I will be happy to address your organization on another occasion.**
  残念ですが、同日に先約があるため会議には出席できません。またの機会に喜んでスピーチをさせていただきたいと思います。

- ☐ **Thank you very much for your invitation to the dinner. We are delighted to attend the dinner.**
  ご招待ありがとうございます。喜んでディナーに出席させていただきます。

- ☐ **Thank you very much for your invitation to dinner at the Hiro's Restaurant on June 2. My wife and I are delighted to accept it.**
  レストランヒロでの6月2日のディナーへのご招待ありがとうございます。妻ともども喜んでお伺いいたします。

- ☐ **Unfortunately, we already have another engagement at this time and will not be able to attend.**
  残念ながら、その時間は先約がありまして出席できません。

- ☐ **Unfortunately, I am not able to accept your invitation to the buffet reception on January 14. My business schedule calls for me to be in China during the entire month of January.**
  せっかくのご招待ですが、1月14日のレセプションには伺えません。仕事の関係で1月いっぱい中国に出かけております。

PART 5

確認・訂正

他の内容と同じく、確認したいこと、訂正したいことをまず述べます。

例題

下の英文が英語として不適切な場合は書き直してください。

Did you read my e-mail [message] dated Dec 2?
12月2日に出したメールをお読みになったでしょうか。

正解例

I wonder whether you have read my e-mail [message] dated Dec 2.

解説

　「読んでもらえましたか？」をそのまま Did you read と訳すとビジネス文としては失礼な言い方になります。もちろん親しい間柄なら問題ありません。**I wonder whether** は、ていねいな依頼のほか、「～してもらえましたか？」という確認の表現としても使えます。

chapter 5

下の英文が英語として不適切な場合は書き直してください。

1. I would like to confirm the points we discussed on the phone of April 4, 2006.
   2006年4月4日の電話でお話した内容の要点を確認させていただきます。

2. In deference to your valuable time, I would like to get straight to the point and say that we were wrong.
   貴重なお時間を無駄にしてはいけませんので、単刀直入に申し上げますが、私どものほうが間違っておりました。

3. Thank you for your courteous request to interview one of our employees for the article you are writing about our business. Kevin James will be pleased to meet with you at our office. I believe that you will find him to be extremely knowledgeable about our business.
   弊社役員への弊社事業に関するインタビューのお申し込みありがとうございました。弊社オフィスにてケビン・ジェームズが喜んでお会いします。弊社事業について熟知しておりますのでお役に立てると思います。

4. This letter will serve to confirm our agreement regarding your purchase and payment.
   本状にて、ご購入及びお支払いについて合意した旨を確認いたします。

5. Please sign a copy of this letter and return it to me. Upon receipt of your confirmation of our agreement, I shall release shipment of the aforementioned merchandise.
   本状にご署名の上、私まで1部ご返送ください。合意のご確認を受け取り次第、当該商品を出荷いたします。

6. I e-mailed previously that the sum is twenty eight thousand yen, but it doesn't include tax. So the right sum will be twenty nine thousand four hundred yen.
   先ほどお送りしたメールで、金額が28,000円となっていましたが、これは税を含んでいませんので、29,400円にご訂正お願いいたします。

7. **Please note that the date of the conference in your paper says March 20, but it is moved to March 21.**
お手元にある書類では会議の日程が3月20日になっていますが、3月21日に変更になっておりますので、ご注意ください。

8. **We were supposed to use the conference center in Bangkok, but this was changed suddenly. Now we tell you that we will have the conference in InterContinental Hotel in Singapore.**
バンコクの会議場を使用する予定でしたが、急遽変更になり、会議はシンガポールのインターコンチネンタルホテルで行うことになりました。

9. **We sent you e-mail on April 3 and informed you that it is based on the contract, the Chapter 2, the Article 3. But please correct it to the Chapter 3, the Article 2.**
4月3日づけのEメールで「契約書の第2章第3条に基づいて」とありますが、これは「契約書の第3章第2条に基づいて」の間違いですので、ご訂正をお願いいたします。

10. **I was explaining to you that we will send the two temporary workers to the meeting on Monday, but the right number is three.**
月曜日の会議にお送りする派遣社員は2名とご説明しましたが、これは3名が正しい人数でした。

正解と解説

1. This is to confirm what we talked about on the phone on April 1, 2006.

ビジネス文で「〜を確認させていただきます」という場合に仮定法を用いる必要はありません。仮定法は相手に対して「もしよろしければ〜」というニュアンスが入るので、ていねいになりますが、この場合は相手が気に入る気に入らないの問題ではなく、**確認をするので客観的に述べるのです**。

また、日本人はpointという語が好きですが、英語のpointは「視点」「論点」「重要な点」といろいろの意味があるのでここでは「話したこと」と総体的に述べます。

2. We have to tell you that we were wrong.

　問題文の In deference to your valuable time という表現は全く不要です。また、would like to は仮定法ですが、ビジネス文では使いません。get straight to the point はそれまで話がわき道にそれていたりすれば有効な表現ですが、最初から使う必要はありません。要は、我々のほうが間違っていたということを伝えればよいのです。

3. Thank you for your request for the interview.
Kevin James will be very happy to meet with you at our office.
I am sure that you will get invaluable information from Kevin James.

　courteous request の courteous は不要です。request の後の不定詞句も相手にはわかっていることなので必要ありません。ここで伝えたいのは、インタビューに応じることと誰がそれをやるかです。もちろん、この後に続く文には日時など詳しい内容がきます。
　be pleased to は本書でたびたび述べている理由で、be happy to に言い換えます。また、I believe that では相手に弱い感じを与えるので、もっと強い確信を表す I am sure を用います。

4. This is to confirm our agreement on your purchase and payment.

　will serve to confirm の serve は結果としてこうなるという意味の昔風の言い方ですが、もっと端的に confirm だけで事足ります。また、will という助動詞を用いるより事実として不定詞を用いて述べます。regarding ではなく on になります。

5. Please sign a copy of this letter and return it to me. When I receive the signed agreement, I will ship the merchandise.

　1文目はこれでよいと思います。2文目の頭の upon receipt of は確かに現在でもフォーマルなビジネスでは使われていますが、1文目のスタイルと合いま

せん。さらに、後半部分はもっとフォーマルというか、今では使われない古臭い表現になっています。1番目の文と2番目の文はスタイルが全く異なります。**英文ではスタイルを統一することも大切**です。

6. I made a mistake in the previous message. The sum didn't include tax.
   Correction: ¥28,000 → ¥29,400 (tax included)

金額などの訂正は文章で表すより、Correctionとコロンを用いたほうがより明確になります。もちろん、その前に1文程度の説明は必要です。

7. Please note that the date of the conference has been moved to March 21.

note thatで文を始めているのはたいへんよいと思います。ただし、問題文では変更前の内容が先にきていますが、ここで大事なのは変更後のことなのでそちらをnote thatの節に入れます。

8. Please note that we will have the conference in InterContinental Hotel in Singapore. Originally, we were supposed to use the conference center in Bangkok.

これもchronologicalに説明する文になっています。しかし、このような訂正事項の場合は訂正後の内容のほうがより大切です。したがってそちらを先に述べます。

9. We made a mix-up in the previous message.
   Correction: based on Chapter 2 Article 3 → based on Chapter 3 Article 2

これも大切な訂正事項なのでcorrectionを用いて誤解のないようにします。経理上、事務上の手違いは **mix-up** を用います。

10. I gave the wrong number of temporary workers to send to the meeting.
    Correction: the number of temporary workers: Two → Three

    6.や9.と同様です。

表現集

確認や訂正の際によく使う表現を集めました。英文ごと覚えて自由に使いこなせるようになってください。

☐ **This is to confirm what we talked about on the phone on April 4, 2006.**
2006年4月4日の電話でお話した内容の要点を確認させていただきます。

☐ **This is to confirm our agreement on your purchase and payment.**
本状にて、ご購入及びお支払いについて合意した旨を確認いたします。

☐ **Please note that the date of the conference has been moved to March 21.**
会議の日程は、3月21日に変更になっておりますので、ご注意ください。

☐ **I gave the wrong number of temporary workers to send to the meeting.**
Correction: the number of temporary workers: Two → Three
会議にお送りする派遣社員の人数が間違っていました。
派遣社員の人数：2名→3名に訂正。

PART 6　お　礼

　英語では、目的が「お礼」の場合、**最初の1行目にお礼の言葉**を入れます。お礼にもいろいろな言い方がありますが、間違った使い方もよく目にします。

例題

下の英文が英語として不適切な場合は書き直してください。

I appreciate your suggestion.
アドバイスありがとうございます。

正解例

Thank you for your suggestion. I really appreciate it.
アドバイスありがとうございます。本当に助かりました。

解説

　appreciateを「感謝する」という意味でThank youよりていねいな表現と思い込んでいる方も多いと思いますが、「ありがとうございます」という意味できなりこのようには言いません。appreciateは、通例、このようにThank youと言ってから使うことを心得ておいてください。

chapter **5**

下の英文が英語として不適切な場合は書き直してください。

1. **I would like to extend my heartfelt gratitude.**
   心より感謝申し上げます

2. **I'm really grateful to you.**
   本当にありがとうございます

3. **I'm much obliged to you.**
   本当にありがとうございます

4. **Thank you for many kindnesses.**
   いろいろご親切にありがとうございます。

5. **I am grateful that your letter brought the matter to my attention and I appreciate your perseverance in settling this matter.**
   ご指摘のお手紙ありがとうございます。本件につきましてもうしばらくご辛抱のほどお願い申し上げます。

6. **I don't know how to thank you.**
   お礼の言葉もありません。

7. **This is to acknowledge that we are in receipt of your notice whereby you informed us that the item shipped to you on September 21, 2005 did not conform to our contract dated August 1, 2005.**
   9月21日に貴社宛てに出荷した品が8月1日づけの契約内容に合致していないとの通知を拝受いたしました。

8. **We are very appreciative that you have taken the time to bring this to our attention and would like to thank you for purchasing our product.**
   わざわざお知らせいただきましたことに感謝申し上げますと共に、弊社製品をお買い上げいただきましてお礼申し上げます。

9. **Your correspondence dated April 5, 2005 indicated that I would be**

receiving a refund for the unused portion of insurance coverage.
2005年4月5日づけのご書面によると、保険の補償範囲のうち使用しなかった分について払い戻ししていただけるとのことですね。

10. **We would like to take this opportunity to thank you for shopping. Our new catalog should be arriving at your home shortly, and I believe you will be pleased by some of the new items this season.**
このたびはお買い上げありがとうございました。弊社の新しいカタログが近くお宅にお届けできると思います。今シーズンの新商品も気に入っていただけるものと存じます。

1. I express my gratitude.

ライティングやメールの書き方の本でよく目にする、I would like to extend my heartfelt gratitude. のような定番の表現も、**現在ではほとんど使われない**ことを覚えておいてください。would like toは仮定法なので「もしよろしければ」というニュアンスが入ります。したがって感謝を表す場面で仮定法を使うとひいた感じがします。

2. Thank you very much.

I'm really grateful to you. も米国では古臭い感じのする表現です。かなりお年を召した方なら使うかもしれません。

3. Thank you very much.

I'm much obliged to you. は、感謝の意味で使うべきものではありません。obligedは単に古いだけでなく、自分が相手に借りができたことを表す含みがあります。したがって、次回に何かを頼まれたときは、イヤと言えない状況に追い込まれることになりかねません。

4. Thank you for everything.

　これも使わないのが無難です。日本人の英語学習者はkindを多用しすぎるように思います。例えば、参考書や教科書によく登場する、It's very kind of you to say so.（そう言ってくださってありがとうございます）という文がありますが、私ならkindではなくniceを使って、It's very nice of you to say so.と言います。

　人が「親切な、やさしい」という場合のkindは、主に見ず知らずの赤の他人に対して使うものだと考えてください。自分に関わりのある人、つまり、上司や友人にはkindではなく**nice**を用いるようにしましょう。

　具体例を挙げてもう少し説明しましょう。電車の中であなたが重い荷物を抱えているのを見て、見ず知らずの人が席を譲ってくれたら、間違いなくkindです。**Thank you very much for giving me your seat. It's very kind of you.**（席を譲ってくださってご親切にどうもありがとうございます）ということになります。

　知り合いに向かって、「もっとやさしくしてよ」と言う場合も、kindではなく**nice**を使ってください。**Be nice to me.** と言えばよいのです。

　「いろいろありがとうございます」と感謝の気持ちを表すときは、この**Thank you for everything.** という表現をおすすめします。

5. Thank you for bringing the matter to my attention. I really appreciate your perseverance in settling this matter.

　2.と同様、I am gratefulではなく、Thank youを使いましょう。I appreciate～の文はふつうandでつながずに、文を分けます。

6. I can't thank you enough.

　enoughとcan'tの組合せで、いくらしてもし足りないというニュアンスがでています。ただし多用はしないこと。本当にすごいことをしてもらったときにのみ、使いましょう。

7. Thank you for your notice. We are sorry to learn that the item shipped to you on September 21, 2005 did not conform to our contract dated August 1, 2005.

　まず、~ to acknowledge は不適切です。この文は2つの事柄が入っています。知らせを受け取ったことと品物に不備があったことです。この2つの内容は一文で述べるべきではありません。まず知らせに対するお礼を述べてから、品物に不備があったことがわかったことを述べるべきです。このような場合、よい知らせではないので sorry to learn を使います。

8. Thank you for bringing this to our attention. Thank you again for purchasing our product.

　appreciative は、通常後ろに of がきて、名詞句が続きます。that 節はつきません。また、非常に堅い言い方なので現在はほとんど使われません。this というのは何かの情報のはずですから、実際の文を書くときには、最初の文の後に、this の内容についての文を足してください。もし商品買い上げのお礼なら、そのことだけにします。

9. Thank you for your message dated April 5, 2005. I am very happy to know that I will be receiving a refund for the unused portion of insurance coverage.

　この文の内容は、返金されることを知らせてくれたことです。だとすれば、まずはお知らせに礼を述べてから、内容を続けます。7.の反対で**よい知らせ**には **very happy to know** ~を用います。

10. Thank you for shopping. Our new catalog will arrive at your home shortly. I am sure you will like the new items this season.

　要は購入のお礼ですから、We would like to take this opportunity to thank you のような回りくどい言い回しは避けましょう。I believe も弱い感じがしま

す。また、この内容では仮定法を用いる必要はありません。

感謝の気持ちを伝える際によく使う表現を集めました。英文ごと覚えて自由に使いこなせるようになってください。

☐ **Thank you for everything.**
いろいろありがとうございます。

☐ **I can't thank you enough.**
お礼の言葉もありません。

☐ **Thank you for bringing this to our attention. Thank you again for purchasing our product.**
ご指摘ありがとうございます。弊社製品をお買い上げいただきまして重ねてお礼申し上げます。

☐ **Thank you once again for the courtesy extended to us when Mr. Itoh and I visited your plant last week.**
伊藤と私が先週貴社工場をたずねた際は、お気遣いいただきまして、重ねて御礼申し上げます。

☐ **Thank you very much for your hospitality during our visit to Detroit. My wife and I very much enjoyed meeting your family.**
デトロイトでの滞在中はおもてなしいただきましてありがとうございました。妻も私もご家族の皆さんとお会いできてたいへん楽しゅうございました。

PART 7 催促・クレーム

催促やクレームも内容が先です。

例題

下の英文が英語として不適切な場合は書き直してください。

I haven't received the order I placed on October 25.
10月25日に注文した品がまだ届いていません。

正解例

The order I placed on October 25 has not arrived yet. Please check it out.

解説

　receiveはここでは使いません。receiveを用いると、受け手の責任になってしまいます。配達はされても受け取っていない場合もあるからです。注文したものが当方に着いていない場合はarriveを使います。またそれだけでなく、調べるように促さなければ相手は行動を起こしません。
　ところで、催促する際に相手に急いでほしい場合、いろいろな表現があります。ここで、その使い分けについて簡単に説明しておきましょう。

◆ as soon as possible

　本当に急いでいれば、**as soon as possible** を使います。e-mailでは今は、省略形の **asap** もよく使います。「出来るだけ早急に」という意味で、immediately よりはやわらかい表現です。

◆ immediately

immediately は一番早いことになります。「その瞬間」、「ただちに」という意味です。状況によってはかなり強く「早急に」という意味を持ちます。「**大至急**」ということです。**かなり強い意味を持つ**ので使い方に注意しましょう。

◆ promptly

immediately に次いで「早い」という意味です。「迅速に」という意味になります。一番いろいろな場合に使用してさしさわりのない表現です。

◆ soon

他の副詞に比べるとかなり**あいまいな語**です。人によって soon の度合いが異なります。本当に「早急に」と言うときには弱い言い方です。

◆ at once

口語体のときに使います。

演習問題

下の英文が英語として不適切な場合は書き直してください。

1. As of this date, I have not yet received this check. Since I have moved, I am naturally concerned that the check may have been sent to the wrong address.

本日現在、小切手をまだ受け取っていません。最近引っ越しましたので、小切手が違う住所に送られたのではないかと心配しています。

2. I wonder whether you could give me a full refund, as the item is useless.

品物は役に立たないので、全額を返金していただけますでしょうか。

3. We are sorry to inform you that your delivery of the refrigerator on November 19 has given me cause for serious complaint. It was delivered in substandard condition.

   たいへん遺憾ながら、11月9日に届いた冷蔵庫の件で、クレームがあります。冷蔵庫は不良品です。

4. The set of six wine glasses I ordered on June 6 was delivered yesterday. However, when I unpacked the set myself with great care, I discovered the two glasses were badly scratched. I can only assume that this damage must be due to careless handling at some stage prior to packing. I cannot accept the set in this state and want to receive a replacement as soon as possible.

   6月6日に注文した6個セットのワイングラスが昨日届きました。しかし、慎重に包みを開いたところ、2個、ひどい傷がついていました。この傷は、梱包前のどこかの段階で乱暴に扱われためについたのではないかと思います。このような状態ではグラスセットは引き取れません。至急代替品を送ってください。

5. Just a friendly reminder that we would very much appreciate your payment of $50 for the subscription of Kelly's Magazine.
   If your check is already in the mail, you should disregard this letter. If it is not, please take a moment to mail your check today.

   ケリーズマガジンの購読料金50ドルの支払いをお願いいたします。
   尚、既にご送付済みの場合はあしからずご了承願います。まだ送られていない場合は、お手数ですが、本日ご郵送くださいますようお願い申し上げます。

6. In looking over our records, we noticed that your account shows an unpaid balance of ¥20,000. Oversights, of course, do happen and therefore we are bringing this matter to your immediate attention.

   弊社の記録を調べておりましたところ、お客様の残高が2万円未払いとなっておりました。見落とされているものと思われますので至急ご確認お願いいたします。

7. We regret the necessity of having to call your attention once again to your outstanding balance of $2,000, which is now more than four months overdue. Failure to remit the full amount within ten

days from the date of this letter means that your bill will be turned over to our collection agency.

再度申し上げなければならないのは大変遺憾ですが、貴社の未払い残高2000ドルはすでに期限を4ヶ月以上も過ぎております。本状の日付より10日以内に全額ご送金いただけない場合は集金代行業者に委託することになります。

8. This is to inform you that after three reminders and several telephone calls, you still have not made any effort to settle your past due account of $5,600. Therefore, we are now putting the matter into the hands of the Petosky Collection Agency on December 2.

かねてよりご請求申し上げております5800ドルのお支払いについて、すでに督促状も3通お送りし、お電話も数度差し上げましたが、いまだに何ら措置がなされておりません。つきましては、12月2日、この件をペトスキー集金代行に委託いたします。

正解と解説

1. Today is November 20th. And, the check has not arrived yet. I wonder whether the check has been sent to the wrong address, as I have moved.

まず **as of** ですが、現在完了と共には用いません。as of は、通常は2つの使い方があります。まず**その時点での状態を表す場合**に用います。つまり**日付と時制は過去形**になります。もうひとつは、**その時点から何かが始まる場合**です。つまり**未来のことが日付のあとにきます**。

現在完了を使えば、この文を書いている時点で届いていないことは明らかです。ですからまず、本日は何日と述べてから、状況を述べます。

I am naturally concerned that 〜の部分は不要です。that 節の中に話者の気持ちを表す may が入っていますし、naturally concerned というのが意味不明です。こちらとしては違う住所に配達されたのではないかと思っているので、**I wonder whether** を用いて正解例のようになります。

2. I claim a full refund on the useless item.

英文自体に問題はありませんが、内容が役に立たない品物に対して全額の返金を要求しているので、I wonder whether ～では弱腰すぎます。仮定法ではなく現在形を用いてもっと毅然と要求します。refundに用いる動詞はclaimです。また、品物に対しては前置詞onを用います。

3. The refrigerator delivered on November 19 has a problem. The freezer doesn't work. Please let me know as soon as possible what you can do about it.

まずbe sorry to inform ～ですが、こちらが悪いわけではないので、このような言い方をする必要はありません。give ～ cause for serious complaintも意味はわかりますが、持ってまわった言い方です。また、substandard conditionもあいまいです。クレームをつける場合はもっと具体的にフリーザーが壊れているとか冷蔵室がよく冷えないとか述べるべきです。

4. Please send me a replacement as soon as possible. Two glasses of a six wine glass set were badly scratched.

この文も時間軸に沿って長々と説明していますが、一番言いたいのは代替品を送ってほしいということです。その他の内容は、要は6個セットのうちの2個が不良品ということを述べれば事足ります。

5. This is just a reminder. Your payment of $50 is overdue. Please disregard this message if your check is already sent.

これは初めての催促なのでthatの中を仮定法にしているのでしょうが、要はまだ支払われていないということを相手に喚起すればよいのです。

6. Your account shows an unpaid balance of ¥20,000. Your prompt remittance will be appreciated.

これも2万円不足しているということを伝えればよいのです。Don't集(p.179)にあるように、understandingなど抽象的なことに場合は～ be appreciatedの形は使いませんが、ここでは送金という具体的なことなので問題ありません。

7. This is a second reminder. Your outstanding balance of $2,000 is more than four months overdue. Please pay the full amount within ten days from the date of this message, or your bill will be turned over to our collection agency.

これは最後通告の一歩手前の催促です。もし10日以内に支払いがなければcollection agencyにこの件をまわすとまで言っています。その割には冒頭の文は慇懃無礼の持ってまわった感じです。もっとストレートに表現しましょう。

8. This is to inform you that we are putting the matter into the Petosky Collection Agency on December 2. After three reminders and several calls, you haven't yet settled your past due account of $5,600.

これは最後通告です。まず、そちらを先に述べます。

表現集

催促したりクレームをつける際によく使う表現を集めました。英文ごと覚えて自由に使いこなせるようになってください。

☐ **Your account shows an unpaid balance of ¥20,000. Your prompt remittance will be appreciated.**
お客様の残高が2万円未払いとなっております。至急ご送金いただければ幸いです。

☐ **This is to inform you that we are putting the matter into the Petosky Collection Agency on December 2. After three reminders and several calls, you haven't yet settled your past due account of $5,600.**
12月2日、この件をペトスキー集金代行に委託いたします。すでに督促状も3通お送りし、お電話も数度差し上げましたが、5600ドルまだ支払われておりません。

☐ **Just a friendly reminder... A past due amount is shown on the enclosed statement. May we have your remittance by return mail? Thank you.**

念のためお知らせいたします。同封の計算書にある金額が未払いになっております。折り返しご送金いただけますでしょうか。

☐ **Our records show that your balance of ￥20,000 is still unpaid.**

2万円、まだ支払われておりません。

☐ **May we call your attention to your loan payment, which is now 30 days past due? The amount is ￥150,000. Prompt payment will be appreciated.**

ローンのお支払いが、期日を30日過ぎております。金額は15万円です。至急お支払いいただければ幸いです。

☐ **We are afraid you are placing your credit standing as well as the convenience of buying on credit in jeopardy.**

このままでは、クレジットでのお取引ができなくなるだけでなく、お客様の信用状態も危うくなります。

☐ **This letter is to notify you that we have no choice but to put your delinquent account into the hands of our attorney if your check for ￥991,000 is not received by March 1.**

991,000円の小切手を3月1日までにお送りいただけない場合、本件は私どもの弁護士にゆだねることになりますので、ここにお知らせいたします。

☐ **I am writing to complain, not only about the very poor service we received from your restaurant this week, but also about the discourteous behavior of your manager, Bill Jones.**

chapter 5

おたくのレストランについてクレームがあります。今週うかがったとき、たいへんサービスが悪かっただけでなく、支配人のビル・ジョーンズ氏はまことに失礼な態度でした。

☐ **I want to lodge a complaint about the very discourteous treatment that my wife and I experienced in your department store on Friday afternoon, Dec. 23.**
12月23日、金曜日の午後、おたくのデパートで、私と妻は非常に失礼な扱いを受けました。

☐ **I am returning the damaged item to your office for a full refund.**
損傷した品を返送いたしますので、全額払い戻しお願いいたします。

PART 8 陳謝

こちらが悪ければ素直にまず謝ります。

例題

下の英文が英語として不適切な場合は書き直してください。

I would like to apologize for this inconvenience. We will be looking forward to your response.
ご迷惑をおかけいたしましたことをお詫び申し上げます。お返事お待ちしております。

正解例

Please accept our apologies for this inconvenience.

解説

　こちらの落ち度に対して詫びているのでwould like toの仮定法は不適切です。もっと端的に「お詫びを受け入れてください」と**命令文**で表現すべきです。また、2つ目の文ですが、なぜここでこれを述べるのかが不明です。むしろお詫びの後なのでこちらが相手に対して何をするかとか、もっと具体的なことを述べるべきです。

chapter 5

演習問題

下の英文が英語として不適切な場合は書き直してください。

1. After reading your letter of October 2, I can thoroughly understand why you are running out of patience. Please accept my apology for the delay in refunding your money.
   10日2日づけのお手紙を拝見いたしました。お客様がご立腹になるのはごもっともです。払い戻しが遅れましたことをお詫び申し上げます。

2. There is no excuse for our taking so much time.
   我々の業務が手間取ってしまったことについては、弁解の余地はありません。

3. We will do everything in our power to ensure that this type of error does not occur again. Thank you for your understanding.
   今後はこのような間違いのないよう十分注意いたします。ご理解ありがとうございました。

4. You deserve an explanation for what went wrong in our accounting department.
   弊社経理部での不手際につきまして当然ご説明しなければなりません。

5. We are sorry that you experienced a problem with our product and want to thank you for purchasing our product.
   弊社製品に問題があったとのことお詫び申し上げます。また、お買い上げありがとうございました。

6. We regret this unintentional mistake on our part.
   今回の私どもの過失につきましてお詫び申し上げます。

7. I'm sorry to cancel at the last moment, but I have something urgent coming up.
   ぎりぎりになってキャンセルするのは申し訳ないのですが、急な用件が突然に入ってしまいました。

8. It was our mistake. You have paid all the amount as you had mentioned.

私どもの間違いでした。申し訳ありませんでした。おっしゃるように、全額お支払いになっていらっしゃいました。

9. **We will be more careful not to make this kind of thing happen again.**
今後このようなことが起きぬよう、より注意を払ってまいります。

10. **For the damaged item, we will deliver a new item free of charge.**
損傷商品に関しては、当社の負担にて再送付いたします。

1. Please accept my apologies for the delay in refunding your money.

最初の文は英文として完璧ですが、苦情を述べている相手に対してこのような言い方をすれば相手はますます腹が立つと思います。むしろこの部分は省いてまずお詫びを述べるべきです。また、お詫びは通常 **apologies** と複数形で使います。

2. Please accept our apologies for the delay.

確かに和英辞典には There is no excuse for 〜と載っていますが、ビジネスでこう言われても「だから何なの」ということになってしまいます。手間取ったということは何かが遅れていることですから、その点について相手に詫びるしかありません。

3. Thank you for your understanding. We are going to do everything we can to make sure that this type of error will never occur again.

問題文はこちらが陳謝して相手が了解した後の返しの文面です。純粋な陳謝とは少し異なりますが、よく使うはずなので押さえておきましょう。

まず順序は、Thank you ～のほうを最初にもってきます。We will do ～の文は必ずやるという事実として助動詞 will ではなく、**be going to** を用います。in our power は「～の思うがまま」「～の支配下」という意味になるので省きます。that の中身が未来形になります。

4. Please accept our apologies for the mix-up in our accounting department.

問題文のような言い方をされたら相手はますます腹を立てるでしょう。こちらに落ち度があるのなら、まず詫びることが先決です。**経理や事務処理の誤りは mix-up** が使えます。

5. Thank you for purchasing our product.
And, please accept our apologies for the problem.

ここは2つの内容、つまり購入したことに対するお礼と品物に問題があったことに対するお詫びが入っています。順序としてはお礼が先です。

6. Please accept our apologies for the mistake.

誰も意図的に間違いは起こさないので、unintentional は不適切です。regret などを用いるより素直に謝ってしまいます。

7. I am sorry about the last minute notice, but I have to cancel the appointment. Something unexpected has come up.

英文としてはそれほど問題はありませんが、まずは土壇場になってお知らせすることを詫びたほうがよいと思います。その内容を次にもってきます。2文目は、今、緊急を要することが持ち上がっているという現在形になっていますが、「持ち上がってしまった」と現在完了で言うほうが気持ちが入ります。

8. We apologize for the mix-up. Your bill, as you said, has been paid in full.

経理上、事務上の手違いは **mix-up** を用います。まずそのことを詫びて、次に内容を述べます。ビジネス文では「全額」は **in full** がよいでしょう。

9. We are taking extra precautions to make sure that this kind of thing will never happen again.

問題文は陳謝をした後の文ですね。ビジネス文なので be more careful は少しだけすぎです。**precautions** などが適切です。make の使役動詞を用いるよりは状況として起こらないようにするとしたほうがよいでしょう。

10. For the damaged item, we will promptly ship a replacement free of charge.

deliver は実際に配達する行為なので、ここでは ship（発送）のほうが適切です。また、問題の商品の代わりになるものは **replacement** を用います。

表現集

陳謝をする際によく使う表現を集めました。英文ごと覚えて自由に使いこなせるようになってください。

☐ **Please accept our apologies for the delay.**
遅れて申し訳ございません。

☐ **I am sorry about the last minute notice, but I have to cancel the appointment. Something unexpected has come up.**
ぎりぎりで申し訳ございませんが、急な用件が突然に入ってしまいましたのでお約束はキャンセルさせていただけますでしょうか。

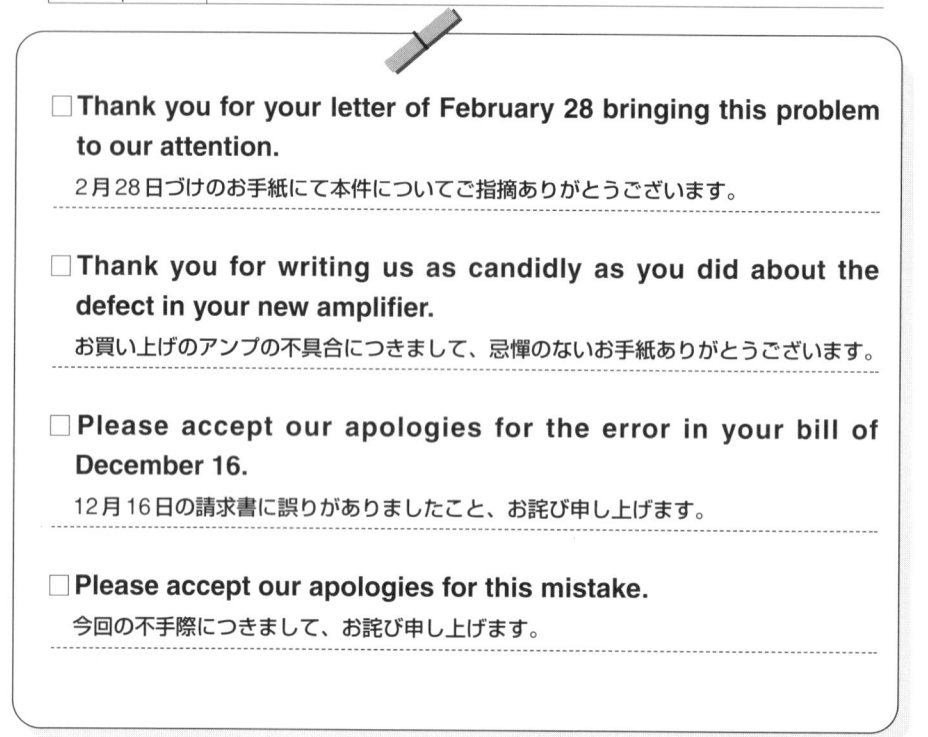

- ☐ **Thank you for your letter of February 28 bringing this problem to our attention.**
  2月28日づけのお手紙にて本件についてご指摘ありがとうございます。

- ☐ **Thank you for writing us as candidly as you did about the defect in your new amplifier.**
  お買い上げのアンプの不具合につきまして、忌憚のないお手紙ありがとうございます。

- ☐ **Please accept our apologies for the error in your bill of December 16.**
  12月16日の請求書に誤りがありましたこと、お詫び申し上げます。

- ☐ **Please accept our apologies for this mistake.**
  今回の不手際につきまして、お詫び申し上げます。

> **Please accept our apologies for this mistake.**

PART 9 照会・推薦

一番大切なことをまず先に述べるのは、他の内容の場合と同じです。

例題

下の英文が英語として不適切な場合は書き直してください。

We have seen your advertisement in the March issue of Business Catering and would be grateful if you could send us details about your catering services for medium-sized companies.

貴社の広告をビジネスケータリング3月号で拝見しました。貴社の中小企業向けケータリングサービスの詳細をお送りいただければ幸甚に存じます。

正解例

Please send us literature on your catering services for medium-sized companies. We have seen your ad in the March issue of Business Catering.

解説

　まずは**用件**を先に述べます。ここはこちらが客なので**命令文**で結構です。また、仮定法を使ったwould be grateful if you couldのような表現は、何度も指摘してきたように、今ではあまり使いません。

chapter **5**

下の英文が英語として不適切な場合は書き直してください。

1. Thank you for your letter of July 27 asking for a business reference for Ms. Jill Hirsh. I take genuine pleasure in recommending her as personal secretary to the chief executive officer of your organization.
   7月27日づけ、ジル・ハーシュさんについての照会依頼のお手紙ありがとうございます。御社の代表取締役つき秘書として喜んで彼女を推薦します。

2. I am pleased to recommend Mr. Jim Taylor, who worked in my department for the past five years as a truck driver. He is a dedicated and reliable worker and always has been generous with his time. In addition, he was willing to work late or during weekends when we asked him.
   ジム・テイラー氏を喜んで推薦します。彼は私の部署で5年間トラックドライバーとして働きました。彼は熱心で信頼のおける人間で常に時間を惜しまず働いてくれました。さらに、彼は必要とあれば残業や休日出勤もいといませんでした。

3. I am convinced that Mr. Tom Evans would bring credit to your organization. His integrity and reliability are beyond question.
   トム・エバンス氏は御社に益をもたらすことは間違いありません。彼が誠実で信頼できる人間であることに疑う余地はありません。

4. We are interested in having a stand in next year's Consumer Electronics Show in Chicago and would be grateful if you could mail us detailed information.
   来年シカゴで開かれるコンシューマーエレクトロニクス展覧会への出品を考えています。つきましては詳細資料をお送りいただければ幸甚に存じます。

5. Please send us two copies of the brochure on your new Color Copier advertised on page 15 in your "Office Supplies" catalog No.100.
   貴社オフィス用品カタログNo.100、15ページに掲載されている、新製品のカラーコピー機のカタログを2部お送りください。

6. A business associate of ours, Jack Moeller in Detroit, mentioned your name and showed us your company's brochure. We own and operate six medium-sized hotels in Northern Michigan and are looking for a reliable fire prevention/sprinkler system for these hotels. Could you mail us your latest sales catalogue and price list?

デトロイトの弊社取引先のジャック・モエラー氏より、貴社のことをうかがい貴社のカタログを拝見しました。弊社はミシガン北部で中規模のホテルを６つ運営していますが、これらのホテルに備えるため、信頼性のある防火スプリンクラーシステムを探しています。貴社の最新のカタログと価格表をお送りいただけないでしょうか。

正解と解説

1. Thank you for your letter of July 27. I am very happy to recommend Ms. Jill Hirsh as personal secretary to the chief executive officer of your organization.

相手は内容を知っているので最初の文は日付だけで十分です。take genuine pleasure などよりもっと簡潔な表現を使います。

2. I am very happy to recommend Mr. Jim Taylor. He worked in my department for the past five years as a truck driver. Jim was a dedicated and reliable worker. He was generous with his time. Jim was ready to work late or during weekends when necessary.

例によって、pleased は偉そうな感じがするので **happy** を用います。また、時制がばらついているので、時制をそろえます。willing は、やれと言われればやる、という程度の気持ちを表すので、これも **ready** に換えます。

3. I am convinced that Mr. Tom Evans will be a great asset to your organization. His integrity and reliability are beyond question.

bring credit は意味があいまいなので、代わりに **asset** を用います。

4. Please send us detailed information. We are interested in having a stand in next year's Consumer Electronics Exhibition in Chicago.

まず**用件**を先に述べましょう。be grateful の仮定法は、本書でも繰り返し述べているように使わないようにしましょう。

5.（訂正なし）

これは問題ありません。

6. I wonder whether you could mail us your latest sales catalogue and price list. A business associate of ours, Jack Moeller in Detroit, mentioned your name and showed us your company's brochure. We own and operate six medium-sized hotels in Northern Michigan and are looking for a reliable fire prevention/sprinkler system for these hotels.

まず用件が先です。

英語ライティングの実践

表現集

推薦をする際によく使う表現を集めました。英文ごと覚えて自由に使いこなせるようになってください。

☐ Thank you for your letter of July 27. I am very happy to recommend Ms. Jill Hirsh as personal secretary to the chief executive officer of your organization.
7月27日づけのお手紙ありがとうございます。御社の代表取締役つき秘書として、ジル・ハーシュさんを喜んで推薦します。

☐ I am very happy to recommend Mr. Jim Taylor. He worked in my department for the past five years as a truck driver. Jim was a dedicated and reliable worker. He was generous with his time. Jim was ready to work late or during weekends when necessary.
ジム・テイラー氏を喜んで推薦します。彼は私の部署で5年間トラックドライバーとして働きました。彼は熱心で信頼のおける人間です。常に時間を惜しまず働いてくれました。さらに、彼は必要とあれば残業や休日出勤もいといませんでした。

☐ I am convinced that Mr. Tom Evans will be a great asset to your organization. His integrity and reliability are beyond question.
トム・エバンス氏は御社に益をもたらすことは間違いありません。彼が誠実で信頼できる人間であることに疑う余地はありません。

☐ I can recommend Mr. Taro Itoh, without any hesitation, for the position of assistant director of human resources in your organization. He is intelligent, accurate, personable, and discreet.

chapter 5

御社の人事部次長として、伊藤太郎氏を喜んで推薦します。伊藤氏は知性があり、間違いがなく、人から好かれ、思慮深い人間です。

☐ I recommend Ms. Simmons without reservation, because I know you will find her an excellent sales representative. She is a serious and dedicated worker.
喜んでシモンズさんを推薦します。きっと優秀なセールスパーソンであることがおわかりになると思います。彼女はまじめで熱心な人間です。

☐ I am very happy to vouch for Ms. Swanson's character and her professional qualifications.
スワンソンさんの人柄とプロとしての能力は、喜んで保証いたします。

PART 10 お 祝 い

次にお祝いで使われる表現について見ていきましょう

例題

下の英文が英語として不適切な場合は書き直してください。

I would like to congratulate you on your graduation.
ご卒業おめでとうございます。

正解例

Congratulations! You have graduated from+学校名. What an accomplishment!

解説

　これは市販の「英文手紙の書き方」といった類いの本によく登場する例文ですが、この文には問題点が2つあります。ここまでもよく出てきたようにwould like to ~ は「~したい」という意味で使われますが、形を見てもわかるように一種の仮定法です。「もしよろしければ」というニュアンスが含まれていることに注意してください。お祝いの気持ちを述べる場面で、こうした控えめな言い方は奇異に響くものです。お祝いを述べるのにためらうことはないのです。仮定法だからていねいになると考えるのは誤解です。もちろん人に何かをすすめる場合は疑問文でWould you like some more coffee?（もう少しコーヒーいかがですか）などのように使いますが、祝辞はその限りではありません。もっとストレートに「おめでとう」と述べるべきです。

2つ目の問題点が動詞 congratulate の使い方です。確かに辞書を見ると、congratulate + 人 + on の形が載っていますが、実際の英文ライティングで、congratulate を動詞として用いることはまずありません。

私の Plain English のルール「**1文に1種類の情報——One piece of information in one sentence**」はお祝いの文面でも同じです。つまり、「おめでとう」と「その内容」は、それぞれ**別の文で述べる**ようにすべきだということです。まず、**Congratulations!** と述べて、その後に別の文で内容について言及します。

蛇足ながら、よく日本人の書いたカードに Congratulations の s を落としているものを見かけるので、必ず複数形で使うようにしてください。

卒業祝いの場合なら、Congratulations! の後に正解例のような文をつけ加えます。他には、**I'm really proud of you.** とか、**I know how hard you worked. You should be proud of yourself.** なども使えます。

演習問題

下の英文が不適切な場合は書き直してください。

1. **I would like to extend my best wishes on your marriage.**
   ご結婚に際しご多幸をお祈りいたします。

2. **Congratulations on passing the examination.**
   試験合格おめでとうございます。

3. **We would like to extend our congratulations on the arrival of your son, Taro Yamada**
   山田太郎ちゃんのご誕生おめでとうございます。

4. **We are hoping that you will remain with us for many years to come and would like to offer our congratulations on the 5th anniversary.**
   今後とも末永くおつき合いのほどよろしくお願いいたします。(創立)5周年おめでとうございます。

5. It was with great pleasure that I read your announcement of the establishment of your new company.
   新会社設立とのこと喜びに堪えません。

6. You have achieved the goal we established in the first week of April. Congratulations!
   貴方は4月第1週に設定した目標額を達成されました。おめでとうございます。

7. I know how hard you have worked to earn the recognition you presently enjoy at KEL and I feel that they are very wise in having made their choice.
   KELでの現在のあなたの高い評価は長年の努力のたまものです。貴方が(この任に)選ばれたのも当然のことと思います。

正解と解説

1. Congratulations! Best wishes for a long, happy life together.

例題で述べたように、would like to（仮定法）は不適切です。**wishes**に使う動詞は **give** や **send** が普通です。さらに、「〜を望む」の意味で使う wishes の対象には前置詞 on ではなく **for** がきます。

結婚祝いも、まず Congratulations と言った後に将来の幸せを願って、**Best wishes for a long, happy life together.** などと書き入れるのが適切です。

2. Congratulations! I'm very happy to learn that you have passed the examination.

e-mail の例文集を見ると、Congratulations on 〜 の後に、いろいろな語句をつけた英文が載っていますが、このようには言いません。

Congratulations! と言ってから、2つ目の文でお祝いの内容を言います。

3. We were thrilled to hear about the birth of your son, Taro Yamada. Please accept our congratulations on this happy occasion.

これも英文としては誤りではありません。しかし、would like to ～は使いません。また出産などは仕事だけのつき合いの人に対しては知らせないはずです。だとすればもう少し新密度の高い文面にするべきです。**形容詞 thrilled** などを用いてこちらの気持ちを伝えましょう。

4. We extend our congratulations on the 5th anniversary. または Please accept our congratulations on the 5th anniversary.

まず、最初のWe are hoping ～ years to come の部分は不要です。普通、英語のe-mailなどでは書きません。次に、would like to（仮定法）は使いません。問題の文を書き直すなら、フォーマルな場合は **We extend our congratulations**、インフォーマルなら **Please accept our congratulations** を使います。

友人間ではまず、congratulations on ～というような表現はしませんが、会社の「創立～周年」というようなときには言えます。

5. Please accept my congratulations on the establishment of a new company.

It ～ thatの構文はやめます（p.44参照）。それよりも、きちんと祝いの言葉を用いるべきです。

6. Congratulations on your achievement.

英文自体は問題ありませんが、やはりお祝いを一番先にもってきます。

7. Congratulations on your promotion. I know how hard you have worked to earn the recognition.

これもまずお祝いを述べます。recognitionの後、you presently enjoy 以下は不要です。

お祝いを言う際によく使う表現を集めました。英文ごと覚えて自由に使いこなせるようになってください。

☐ **Congratulations! Best wishes for a long, happy life together.**
おめでとうございます。末永くお幸せに。

☐ **Congratulations! I'm very happy to learn that you have passed the examination.**
試験合格おめでとうございます。

☐ **We were thrilled to hear about the birth of your son, Taro Yamada. Please accept our congratulations on this happy occasion.**
息子さんの山田太郎君のご出産おめでとうございます。

☐ **Congratulations on your achievement.**
目標達成おめでとうございます。

Congratulations!

PART 11

お悔やみ・お見舞い

　お祝いに引き続きお悔やみとお見舞いの表現についてお話しましょう。英語ではお悔やみは、とにかく**自分の気持ちを表現**します。

例題

下の英文が英語として不自然な場合は、自然な英語に書き直してください。

I am deeply distressed to hear of the sudden death of your husband.
突然のご主人様のご訃報に接し、悲しみにたえません。

正解例

I am very sorry to hear of the sudden death of your husband. または
I was deeply grieved to hear of the sudden death of your husband.

解説

　ある英文手紙の例文集の中で見つけた表現です。文法的に誤りはありませんが、distressedの部分に問題があります。名詞のdistressは深い悲しみや苦痛を表しますが、distressedのように動詞の過去分詞として形容詞的に用いるとworriedの意味に近くなります。人の死を聞いてworriedでは、この文の主語が何についてworriedしているのか？と思わせるような文になってしまいます。お悔やみの文にはdistressedではなく、**I am very sorry to 〜**や**I was deeply grieved to**〜のような表現を使うようにしてください。

演習問題

下の英文が不適切な場合は書き直してください。

1. I was shocked to hear about the death of your wife, and offer my condolences.
   奥様のご逝去のお知らせを受け驚愕しております。心からお悔やみ申し上げます。

2. I am very sad to hear about your husband's death.
   ご主人様のご訃報に接し、悲しみにたえません。

3. I was shocked and distressed to learn the news of your son's car accident. I hope Tom will recover quickly. I will come to see him at the hospital as soon as he is able to receive visitors.
   息子さんのトムが交通事故に遭われたとお聞きして大変驚きました。早くよくなられるといいですね。面会ができるようになったらお見舞いにうかがいます。

4. I can painfully understand your feelings on your wife's death.
   奥様のご訃報に接し、お悲しみをお察し申し上げます。

5. We were very sorry to hear about your heart attack. We are hoping that you will make a speedy recovery and will soon be out of the hospital.
   心臓発作のことをお聞きしました。早くよくなって退院できますようお祈りしております。

6. It shocked me very much to hear of your wife's death.
   奥様のご逝去のお知らせを受け驚愕しております。

7. I can't tell you how sorry I am to hear of the death of your wife.
   奥様のご訃報に接し、何ともお悔やみの言葉もありません。

8. I learned with deep regret of the recent passing of your father and wish to extend my sincere sympathies in your bereavement.
   お父上のご訃報に接し、悲しみにたえません。心よりお悔やみ申し上げます。

chapter **5**

9. **This is to convey to you our deepest sympathy in your recent bereavement.**
   お身内のご不幸に心よりお悔やみ申し上げます。

---

1. I was shocked and saddened to hear about your wife's death. Please accept my condolences.

　まず、shockedを使うなら、shocked and saddenedとなります。**shocked and saddened**はこのような場合の決まり文句です。

　それから、文章作法として重大な問題があります。まず1つの文の中に2つの異なる時制があります。was shockedの部分は過去形です。そしてofferの部分は現在形です。文を書くときにもしandなどで続けるのであれば必ず**時制は1つに統一**してください。

　さらにwas shockedのところはbe動詞句、offerは一般動詞の能動態です。parallelism (p.156) の項で後述するように、英語では**1つの文の中を同じスタイルで統一する**のがよいとされます。

　また、この文は内容面から見ても問題があります。最初はwas shockedと自分の感じたことを述べています。そして続けてお悔やみを述べています。お祝いについての項でも書きましたが、**1つの文には1種類の情報**、**one piece of information in one sentence**になっていません。自分の感じたこととお悔やみは2つの異なる文で述べるべきです。

　次に、後半部分ですが、お悔やみはこちらからofferするのではなく、相手に「受けて」もらうのが英語の作法ですから、acceptを使ってこう表現します。congratulationsと同様に**condolences**も必ず複数形で用いてください。

　「奥様のご不幸」をdeath of your wifeとしている文もありますが、人の場合には所有格にして**your wife's death**というのが普通です。ただし、suddenなどが前についている場合はその限りではありません。

2. I'm shocked and saddened to hear about your husband's death.

sadを使っている例文もありますが、お悔やみを言うときにはsaddenedを使うのが普通です。

3. I was shocked to learn the news of your son's car accident. I hope Tom will recover quickly.

この段階ではお見舞いに行くことは述べないほうが無難です。またas soon asはそうなった「直後」という意味ですから、これも不適切です。

4. You have my deepest sympathies on your wife's death.

understand your feelings というような表現はしません。実際は相手がどんな気持ちか本人でなければわからないからです。自分の気持ちだけにとどめます。

5. （訂正なし）

問題ありません。

6. I was shocked and saddened to hear of your wife's death.

主語をitにしていますが、自分の感情を言うのですから、人を主語にします。itですと、距離を置いた感じになります。**主語が大切**というのを思い出してください。

7. I do not know how to express my deep sympathies with you.

「言葉もありません」「何と申し上げたらいいか」はこのように表現します。

8. I learned with deep regret of the recent passing of your father. Please accept my sincere sympathies in your bereavement.

過去形と現在形を1つの流れで表現しているので、これを2文に分けます。また、wishなどは用いずにストレートに表現します。

chapter 5

9. You have our deepest sympathies in your recent bereavement.

　問題文だと、人が主語になっていないので冷たい感じがします。人を主語にします。

表現集

お悔やみやお見舞いの際によく使う表現を集めました。英文ごと覚えて自由に使いこなせるようになってください。

☐ **I was shocked and saddened to hear about your wife's death. Please accept my condolences.**
奥様のご逝去のお知らせを受け驚愕しております。心からお悔やみ申し上げます。

☐ **I was shocked to learn the news of your son's car accident. I hope Tom will recover quickly.**
息子さんのトムが交通事故に遭われたとお聞きして大変驚きました。早くよくなられるといいですね。

☐ **You have my deepest sympathies on your wife's death.**
奥様のご訃報に接し、お悲しみをお察し申し上げます。

☐ **I was deeply shocked and saddened to learn of the unexpected passing of Jim on Sunday.**
日曜日のジムの突然の訃報に驚愕し、悲しみにたえません。

☐ **I am very sorry to hear of your mother's death.**
お母様が亡くなられたとのこと、悲しみにたえません。

- [ ] **Please accept my condolences and call on me if there is anything I can do.**
  お悔やみ申し上げます。何か私にできることがあれば何でもおっしゃってください。

- [ ] **I was very sorry to learn that you have been hospitalized.**
  入院されたとのこと、お見舞い申し上げます。

- [ ] **We hope you will soon again be up and about.**
  すぐに元気になられますようお祈りしております。

- [ ] **We are sending you our best wishes for your quick recovery.**
  早くよくなられますようお祈りしております。

- [ ] **Please accept our best wishes for a fast recovery.**
  早くよくなられますようお祈りしております。

PART 12　締めの表現・結びの表現

　メールの締めくくりの表現について、英語では、日本語のように「よろしくお願いします」という便利な表現はありませんから、内容に応じて使い分けが必要です。

例題

下の英文が英語として不適切な場合は書き直してください。

I'm looking forward to seeing you again.
またお会いできるのを楽しみにしています

正解例

I hope to see you soon.

解説

　1週間後とか2週間後とかに実際に会うことが決まっていればlook forwardを使ってもかまいませんが、会うことが決まっているわけではなく、社交辞令として書く場合は、不適当です。hopeはあくまでもこちらの希望なので、日程等が決まっていなくてもかまわないわけです。

演習問題

下の英文が英語として不適切な場合は書き直してください。

1. It was a pleasure having the opportunity to meet with you yesterday to discuss the proposed loan.
   ローンの提案についてのお話で昨日お目にかかる機会を得てうれしく存じます。

2. If we may be of any assistance in the meantime, please feel free to contact this office.
   何かお役に立てることがございましたら、ご遠慮なく当事務所までご連絡ください。

3. Thank you for your patience and understanding and for providing us with the opportunity to be of service to you.
   ご辛抱、ご理解いただき、ありがとうございます。また、お客様のお役に立てる機会を与えてくださいましたことに御礼申し上げます。

4. I wish to thank you for your cooperation in this matter and am looking forward to the continuance of a long and mutually beneficial relationship between us.
   本件でのご協力、御礼申し上げます。今後とも末永くおつき合いのほどお願い申し上げます。

5. Thank you for your cooperation.
   ご協力ありがとうございました。

6. Thank you for your recent correspondence regarding your account number.
   お客様の口座番号についてのお手紙ありがとうございました。

7. I hope you will have a wonderful summer.
   楽しい夏休みをお過ごしください。

正解と解説

1. It was a pleasure to meet with you yesterday to discuss the proposed loan.

having the opportunity は不要です。

2. Please contact this office if you need any assistance.

命令文を先にします。また、助動詞 may は要りません。

3. Thank you for giving us the opportunity to serve you.

問題文のような回りくどい言い方で終わる必要はありません。

4. Thank you for your cooperation in this matter. I am looking forward to the long and beneficial relationship between us.

wish to thank は使いません。continuance と long は、意味が重複しています。

5. Thank you for your cooperation in this matter.

日本人が書いた文で Thank you for your cooperation. を手紙の締めに使っている例をよく見かけます。単に形式的に「よろしくお願いします」と同様の感覚で使っている場合は、**英語では意味がないのでやめましょう**。ただし、実際に何かについて協力を得たときなどに、その「何か」を付加してこのように書くのは不自然な英語ではありません。

6. Thank you for your letter on August 9, 2006 about your account number.

correspondence は、今はほとんど使われません。また、regarding も、on や about に換えます。

7. Have a wonderful summer!

　私信に使うような表現はビジネスでは使いませんが、夏の前に担当者が休みをとると知っている場合には、これぐらいは言ってもかまいません。その場合でも、もっと直接的に**命令文**を使います。

表現集

メールなどの最後によく使う表現を集めました。英文ごと覚えて自由に使いこなせるようになってください。

☐ **Please contact this office if you need any assistance.**
何かお役に立てることがございましたら、当事務所までご連絡ください。

☐ **Thank you for your cooperation in this matter.**
本件につきまして、ご協力ありがとうございました。

☐ **Have a wonderful summer!**
楽しい夏休みをお過ごしください。

☐ **Thank you for using KEL Internet Services.**
KELインターネットサービスをご利用いただきありがとうございます。

☐ **Please contact KEL for further assistance.**
詳しくはKELまでお問い合わせください。

☐ **Thank you for your interest.**
お問い合わせいただきありがとうございました。

☐ **We hope to hear from you soon.**
お返事をお待ちしております。

☐ **Thank you for your attention to this matter.**
本件についてのご対応ありがとうございました。

☐ **Thank you again for your comments. We hope that you will give us another chance to serve you.**
ご意見をありがとうございました。またのご利用をお待ちしております。

9. カタログパート2

　leafletは、紙切れのチラシ（新聞に入っているチラシとは違います）を指します。1ページのものもあれば、数ページにわたるものもあります。これも用途はpamphletなどと同じです。観光地の名所案内などがこれにあたります。可算名詞です。

　flyerは、新聞の折り込み広告・チラシのことです。これも可算名詞です。literatureは、何かについて書いてあるものの総称で、説明書とか文献・印刷物などを全体的に表します。「文学」以外の意味でliteratureが使われることを知っている日本人は案外少ないようです。これは不可算名詞です。

　directoryはアルファベット順に情報を並べたリストを指します。主なものに住所録や電話帳などがあります。これは可算名詞です。

　handbookは何かについて書かれた手引書のことです。leafletなどよりページ数が多くなります。可算名詞です。

　manualは製品と共についてくる説明書です。これも可算名詞です。

PART 13 お知らせ

お知らせについては、参考例をいくつか挙げておきます。

Taro and I are happy to announce the birth of our first child, a daughter, Hanako.
Hanako was born on March 1 at 3:45 a.m. and weighed 3200 grams.
We are all well and gradually adjusting to this new family of three.

3月1日午前3時45分に、我が家に第1子「花子」が誕生しました。体重3200gの元気な女の子です。3人での生活にもだんだん慣れてきました。

Tom Higgins and John Brown
Attorneys at Law
Announce the Opening of Law Offices
Friday, February 10, 2006

このたび、法律事務所を開設いたしました。
なにとぞ今後ともよろしくご支援賜りますようお願い申し上げます。
2006年2月10日（金）
弁護士　トム・ヒギンズ
弁護士　ジョン・ブラウン

Dear Harbor Springs Resident:
We are happy to announce that on Saturday, March 15, at 6:00 P.M., Papa's Kitchen will open its doors on the Main Street. To welcome customers to our new Italian restaurant, we offer special reductions of 25 percent on all items on our luncheon and dinner menu during our Grand Opening weekend.

chapter **5**

3月15日土曜日午後6時、ハーバースプリングスのメイン通りにイタリアンレストラン「Papa's Kitchen」を開店することになりました。なお、15日と16日はグランドオープニングとしてランチとディナーメニュー全品25％引きでご奉仕いたします。

It is our pleasure to welcome you as new tenants.
We hope that you will use the amenities that we offer including the swimming pool, sauna room, gymnasium and tennis court.
We request that your guests use our guest parking area in order to avoid any inconvenience to the other tenants.
We sincerely hope that you find your new home comfortable and enjoyable. If we can be of any assistance to you, please let us know.

新規にテナントとしてお迎えできることを光栄に存じます。
スイミングプール、サウナ、ジム、テニスコートなど各種施設がございますので、どうぞご利用ください。
他のテナントの方にご迷惑にならないよう来客用の駐車スペースをご用意してありますので、ご来客のお車はそちらをご利用願いします。
快適に楽しくお住まいいただけますよう心よりお祈りいたします。何かお役に立てることがございましたら、何でもおっしゃってください。

KEL has offered employees a 15% discount on all merchandise purchased during the Christmas season as their way of wishing you all a Merry Christmas.
In order to receive this discount, you must present your employee ID card at the time of purchase. They have also requested that you limit the use of this discount privilege to purchases made in your own behalf.
Your cooperation in this matter will be appreciated.

KEL 従業員の皆様へ、クリスマスのお祝いとして、クリスマス期間中全商品を15％引きにて販売します。
購入の際、社員IDカードを提示してください。また割引は従業員本人の買い物に限ります。
ご協力よろしくお願いいたします。

John and I were unfortunately divorced last month, and I'm now living at a new address:
○○○○○○○○
The children will be living with me here. I've also gone back to using my maiden name, "Williams."

先月、私とジョンは離婚いたしました。私の現住所は以下の通りです。
○○○○○○○○
子供たちは私が引き取りました。姓も旧姓のWilliamsに戻りました。

Dr. Edith Gault
Is happy to announce
The opening of her office
For the practice of pediatric medicine

このたび、小児科医院を開業したしました。
医師　エディス・ゴールト

Enclosed is the 2005 Membership Satisfaction Survey. Your opinions are important to us so please take a few minutes and fill out the survey. If you have comments, please include them. If you have specific concerns about anything, please offer suggestions on how the Board or staff might change or improve that concern. The Board of Trustees and General Manager will read all comments.

2005年度会員満足度アンケートを同封いたしました。皆さんのご意見は私どもにとってたいへん貴重です。お手数ですが、アンケートにご記入お願いいたします。ご意見ご感想等ございましたら、お書き添えください。何か具体的な問題がありましたら、改善すべき点などご提案をお聞かせください。いただいたご意見はすべて理事および支配人が目を通します。

I will be out of town from June 13 through June 23. And, I will not be able to read e-mail until I return.
Please contact ○○○, if it is urgent.
Thank you.

6月13日から23日まで、出張のため、メールを確認することができません。お急ぎの場合は○○○までご連絡ください。

---

10. 無駄な表現

　本文中でも述べましたが、簡潔でキレのある文という観点からは使ってほしくない表現を挙げておきます。日本人はどういうわけか、これらの表現を好んで用いるようです。ひどい場合は、パラグラフごとに使ってあったりします。

　まず連結詞。accordingly、consequently、thus、nevertheless、moreover、hence、therefore、likewise

　次は副詞句です。as a matter of fact、in my opinion、to be sure、in conclusion、as a general rule、in general

　前置詞句で一番よく目にするのが with regard to ～です。これなどは about や on で事足ります。さらに in accordance with ～、in order to ～、for the purpose of ～、in terms of ～、with a view to ～などがあります。

　また、日本人が学校英語で覚えさせられる、It goes without saying that ～なども使う必要はありません。同様に It is interesting to note that ～や、despite the fact that ～、generally speaking、It is said that ～、It is believed that ～なども使いたくなっても思いとどまってください。結果的には締まりのある文になりますから。

chapter
6

効果的に書く

PART 1
parallelism 対句

　日本語では同じような文型を続けることが毛嫌いされるようですが、英語は全く逆で、**1つの文の中では同じスタイルで統一するのがよい**とされます。これは **parallelism**（対句法）と呼ばれるルールで、よい文を書くための必須条件です。

例題

下の1、2の英文が parallel か not parallel か答えてください。

1. I was eating cheesecake and watched videos.
　私はチーズケーキを食べていた、そしてビデオを見た。

2. Tom went to Hakone, Kamakura, and he visited Kyoto.
　トムは箱根、鎌倉に行き、そして京都を訪ねた。

正解例

1. Not parallel
2. Not parallel

解説

　1. の文は、前半が be 動詞を用いた過去進行形、後半が be 動詞のない、過去形という異なる動詞の形をとっているので、parallel ではありません。parallel に書き換えると、**I ate cheesecake and watched videos.** となります。
　2. の文は一見すると正しい文のようですが、やはり parallel ではありません。

時制は前半・後半とも過去形で、be 動詞の進行形はありませんから問題はないようですが、parallelism の観点からはよい文とはいえません。went to の部分は自動詞プラス前置詞で、visited は他動詞です。意味的には「3 つの異なる場所へ行った」ということなので、わざわざ visited と切り返す必要がないからです。

Tom went to Hakone, Kamakura, and Kyoto. が適切です。

英語の文では**統一性、単一性**が大切になることを心得ておいてください。

演習問題

以下の英文を parallel な文に書き換えてください。

1. Going to school is as strenuous as work.
   学校に行くのは仕事と同じくらいたいへんだ。

2. She wanted to be rich and she also wanted fame.
   彼女は金持ちになりたかったし、名声も欲しかった。

3. It was both a long meeting and very tedious.
   長い会議だったし、退屈だった。

4. He enjoys his work during the day and going to the ballgame in the evening.
   彼は、昼は仕事を楽しみ、夜は野球を見に行くのが楽しみだ。

5. Business used to be taught by the textbook method, while today the practical experience method is used.
   かつてビジネスは教科書に沿って教えられていたが、現在では実際の経験を元にした方法がとられている。

6. Poor writing costs money, wastes time, and customers feel alienated.
   文章が下手だと、お金がかかり、時間が無駄になり、客が疎外感を感じる。

7. I have to get milk, to return a video, and will water the plants.
   牛乳を買ってビデオを返さなくちゃ、それから植物に水をやる。

8. The requirements for a business degree are not as stringent as a law degree.
経営学の学位取得の要件は法律の学位ほど厳しくない。

正解と解説

1. Going to school is as strenuous as going to work.
School is as strenuous as work.

　主語は Going to 〜 がついている動名詞句ですが、比較している部分は単に work となっています。この部分が parallel になっていないのです。両方とも動名詞句にするか、あるいは両方とも名詞にして、形をそろえなければなりません。

2. She wanted to be rich and famous.
She wanted riches and fame.

　この場合も、to be rich の不定詞の部分と fame の名詞の部分が parallel になっていません。正しくは to be rich and famous とするか、riches and fame です。ただし riches と fame が少しスタイルが異なるので、私としては不定詞句のほうをおすすめします。

3. The meeting was both long and tedious.

　補語の部分が、前半は形容詞＋名詞で後半が形容詞になっているので parallel ではありません。両方形容詞にそろえます。

4. He enjoys working during the day and going to the ballgame in the evening.

　enjoy の目的語が、片方は名詞でもう片方は動名詞になっていて parallel ではありません。両方とも動名詞にそろえます。

5. Business used to be taught by the textbook method, while today it is taught by the practical experience method.

    whileでつないである文の主語が異なっているので主語をそろえます。

6. Poor writing costs money, wastes time, and alienates customers.

    これもandの後で主語が変わって受身の形になっています。主語を統一して両方とも能動態にします。

7. I have to get milk, to return a video, and to water the plants.

    全部、have to 〜不定詞に統一します。

8. The requirements for a business degree are not as stringent as those for a law degree.

    law degreeのrequirementsとの対比なのでthoseが必要です。

PART 2
rhetoric　修辞法

■ anaphora 首句反復

この章では **rhetoric**（修辞法）についてお話します。

まず **anaphora**（首句反復）についてです。日本人はどういうわけか英文を書く際に同じ文型や語句を繰り返し用いるのに抵抗があるようです。しかし、相手を納得させる効果的な英文を作るためにはそうした繰り返しもときには大切です。歴史に残る名スピーチといわれるものは必ずこの anaphora が駆使されています。

みなさんもよくご存知の故 **Martin Luther King Jr.** の有名なスピーチでは、8箇所が、**I have a dream.**（私には夢がある）で始まります。

2005年2月2日に行われた Bush 大統領の一般教書演説も anaphora の好例です。例えばスピーチの中盤あたりでは、下線部が示すように、6つのパラグラフが Because ～ で始まっています。

<u>Because marriage is a sacred institution and the foundation of society, it should</u> not be re-defined by activist judges. For the good of families, children, and society, I support a constitutional amendment to protect the institution of marriage.

<u>Because a society is measured by how it treats the weak and vulnerable, we must</u> strive to build a culture of life. Medical research can help us reach that goal, by developing treatments and cures that save lives and help people overcome disabilities —and I thank the Congress for doubling the funding of the National Institutes of Health. To build a culture of life, we must also ensure that scientific advances always serve human dignity, not take advantage of some lives for the benefit of others. We should all be able to agree —we should all be able to agree on some clear standards. I will work with Congress to ensure that human embryos are not created for experimentation or grown for body parts,

and that human life is never bought and sold as a commodity. America will continue to lead the world in medical research that is ambitious, aggressive, and always ethical.

Because courts must always deliver impartial justice, judges have a duty to faithfully interpret the law, not legislate from the bench. As President, I have a constitutional responsibility to nominate men and women who understand the role of courts in our democracy, and are well-qualified to serve on the bench — and I have done so. The Constitution also gives the Senate a responsibility: Every judicial nominee deserves an up or down vote.

Because one of the deepest values of our country is compassion, we must never turn away from any citizen who feels isolated from the opportunities of America. Our government will continue to support faith-based and community groups that bring hope to harsh places. Now we need to focus on giving young people, especially young men in our cities, better options than apathy, or gangs, or jail. Tonight I propose a three-year initiative to help organizations keep young people out of gangs, and show young men an ideal of manhood that respects women and rejects violence. Taking on gang life will be one part of a broader outreach to at-risk youth, which involves parents and pastors, coaches and community leaders, in programs ranging from literacy to sports. And I am proud that the leader of this nationwide effort will be our First Lady, Laura Bush.

Because HIV/AIDS brings suffering and fear into so many lives, I ask you to reauthorize the Ryan White Act to encourage prevention, and provide care and treatment to the victims of that disease. And as we update this important law, we must focus our efforts on fellow citizens with the highest rates of new cases, African American men and women.

Because one of the main sources of our national unity is our belief in equal justice, we need to make sure Americans of all races and backgrounds have confidence in the system that provides justice. In America we must make doubly sure no person is held to account for a crime he or she did not commit — so we are dramatically expanding the use of DNA evidence to prevent wrongful conviction. Soon I will send to Congress a proposal to fund special training for defense counsel in capital cases, because people on trial for their lives must have competent lawyers by their side.

(結婚は神聖な制度であり社会の基盤をなすものです。したがって、活動家の裁判官によって再定義されるべきものではありません。家族や子どもたちや社会のため、私は、結婚制度を守るための憲法修正案を支持します。

　社会は弱者をどう扱うかによって評価されるものです。したがって、私たちはいのちの文化を築くよう努めなければなりません。そのためには医学研究が役に立つでしょう。新しい治療法の発見で、生命が救われ、障害を克服する手助けとなります。この場を借りて、国立衛生研究所への出資金を倍増してくださったことを議会に感謝します。いのちの文化を築くには、科学の進歩が、誰かの犠牲の上に立ったものではなく、常に人間の尊厳を増すものであるようにしなければなりません。皆が納得できる明確な基準が必要です。ヒトの胚が実験のために作られたり、体のパーツとして育てられたりすることがないように、決して人間のいのちが商品として売り買いされたりすることがないよう、私は議会の皆さんと共に、努めます。アメリカはこれからも、意欲的に、積極果敢に、そして常に倫理的に医学研究の分野で世界をリードしていくでしょう。

　法廷は常に公正な裁きを行わなければなりません。したがって、裁判官には法律を忠実に解釈する義務があります。裁判官が法律を作るのではありません。大統領として、私には、民主主義における法廷の役割を理解し裁判官としての資質を十分に有する人々を任命する憲法上の義務があります。そして私はそうしました。憲法では上院の義務も定めています。裁判官候補者の信任投票です。

　わが国で最も高い価値が置かれるものに他人への思いやりがあります。したがって、私たちは、自分にはチャンスなど無縁と感じている人々から目をそむけてはいけません。アメリカ政府は、過酷な地域に希望を与える宗教奉仕団体や地域団体をこれからも支援しつづけます。若者たち、特に都市に住む若い男性に、しらけ、非行、牢獄よりずっと良い選択肢を与えることに力を注ぐ必要があります。今夜、私は、様々な団体や組織を支援し、若者たちが非行に走るのを防ぎ、彼らに女性を敬い暴力を否定することが真の男らしさであることを示すための3年計画を提案します。非行と対峙することは、不良予備軍の若者に対するより広範な福祉で、読み書きからスポーツまで様々なプログラムを通して、親、牧師、コーチ、地域のリーダーなどが関わって行うことです。この全国的な取組みのリーダーはファーストレディのローラ・ブッシュが務めることを誇りに思います。

　エイズは実に多くの人々を苦しめ恐怖に陥れます。したがって、予防を促進し、この病気の患者に看護と治療を施すため、ライアン・ホワイトのケアアクトを再度認可することをお願いします。この重要な法律を更新するにあたり、最も発病率の多いアフリカンアメリカンの人々に力を注がなければなりません。

　わが国の国民がひとつになれるものに公正な裁きに対する信念があります。したがって、人種や経歴にかかわらずすべてのアメリカ人が司法制度を信じられるようにする必要があります。この国では、誰も、犯していない罪に問われることがない

よう念には念を入れなければなりません。そこで、冤罪を防止するためDNA鑑定の適用を大幅に拡大することにしました。まもなく、死刑裁判を扱う弁護人の特別な訓練に資金を提供する案を議会に提出します。死刑がかかっている裁判の被告には優秀な弁護人が必要だからです。)

■antithesis 対照法

次に紹介するのは、対比を強調する場合に有効なantithesis（対照法）と呼ばれる方法です。かのShakespeareの『Julius Caesar』の中に**Not that I loved Caesar less, but I loved Rome more.**（シーザーを愛していなかったのではなくローマをもっと愛していたからだ） // **I came to bury Caesar, not to praise him.**（私はシーザーを葬るために来た。称えるために来たのではない） という一節があります。

■metaphor 隠喩

いわゆる「たとえ」は、**metaphor**（隠喩）と言います。**a comparison of one thing to another**で、うまく用いれば**非常に効果的**です。

前述のI have a dream.の1節は、以下の通り、metaphorの宝庫です。

… This note was a promise that all men would be guaranteed the inalienable rights of life, liberty, and the pursuit of happiness. It is obvious today that America has defaulted on this promissory note insofar as her citizens of color are concerned. Instead of honoring this sacred obligation, America has given the Negro people a bad check which has come back marked "insufficient funds." But we refuse to believe that the bank of justice is bankrupt. We refuse to believe that there are insufficient funds in the great vaults of opportunity of this nation.

（これは、すべての人間に、何びとにも奪うことのできない生きる権利や自由、そして幸せを求める権利を保証する約束手形だった。アメリカが、有色人種の国民に限り、この約束手形を履行しなかったことは、今では明白である。この神聖な手形を引き受ける代わりに、アメリカは不渡り小切手を黒人に与えた。それは「資金不足」として差し戻されてきた。しかし、正義の銀行が破産するなんて信じない。この国のチャンスという名の巨大な金庫室が資金不足だなんて信じない）

またBush大統領が一般教書の2週間前に行った2期目の就任演説もmetaphorでいっぱいでした。

■ simile 直喩

metaphorに対してsimile（直喩）は **a comparison of one thing to another, usually something of an entirely different category** です。

metaphorに似ていますが、simileはもっと**直接的に like や as** などの語句を用いて他のものにたとえる比喩表現です。

例えば、**The day melts away like a snowflake.**（ひとひらの雪が消えるように日が過ぎていく）、**Tension hovered as thick as fog.**（緊張感が霧のように濃く漂っていた）などがあります。

ただし、**Koizumi's reform is like Hashimoto's in the 90s.**（小泉内閣の改革は90年代の橋本内閣の改革のようだ）のように、ただ単に同じようなものをたとえるのは、simileではありません。

■ metonymy 換喩

metonymy（換喩）は誰でも知っているものを例に何かを表します。最も一般的なのは **The pen is mightier than the sword.**（ペンは剣より強し）です。penはpublishingを表し、swordはmilitary forceを表します。新聞・雑誌などではこのmetonymyは日常的に使われています。例えば、**Tokyo got the message from Washington.**（日本政府は米国政府の真意を理解した）ではTokyoは日本政府を表し、Washingtonは米国政府を表します。

演習問題

下の各英文の中でレトリックが使われている箇所とその種類（**anaphora**、**antithesis**、**metaphor**、**simile**、**metonymy**）を答えてください。

1. Let us never negotiate out of fear, but let us never fear to negotiate.

   恐れるがゆえに交渉するのはやめよう。しかし交渉することを恐れることもよそう。

2. Let both sides explore what problems unite us instead of belaboring those problems which divide us.

   Let both sides, for the first time, formulate serious and precise proposals for the inspection and control of arms, and bring the absolute power to destroy other nations under the absolute control of all nations.

   Let both sides seek to invoke the wonders of science instead of its terrors. Together let us explore the stars, conquer the deserts, eradicate disease, tap the ocean depths, and encourage the arts and commerce.

   Let both sides unite to heed, in all corners of the earth, the command of Isaiah — to "undo the heavy burdens, and (to) let the oppressed go free."

   両陣営は、お互いを分裂させている問題に労力を費すのではなく、お互いをひとつにする課題を探すようにしよう。

   両陣営は、武器の査察と軍縮について、ここで初めて、真剣で厳密な案を策定しよう。そして、他国を崩壊させるような絶対的権力をすべての国々の絶対的な管理下に置こう。

   両陣営は、科学の脅威ではなく科学の奇跡を引き出すよう努めよう。共に星々を探検し、砂漠を征服し、病気を根絶し、深海を開発し、芸術や商業を振興しよう。

   両陣営は心を合わせて、世界のいたるところで、「くびきのひもを解き、しいたげられる者を自由に放て」というイザヤの言葉に耳を傾けよう。

3. And so, my fellow Americans, ask not what your country can do for you; ask what you can do for your country.

   My fellow citizens of the world, ask not what America will do for you, but what together we can do for the freedom of man.

だから、わが同胞のアメリカ国民の皆さん、国が自分のために何をしてくれるかではなく、自分が国のために何ができるかを問うてほしい。

わが同胞の世界の市民の皆さん、アメリカが自分のために何をしてくれるかではなく、人類の自由のためにわれわれが一緒に何ができるかを問うてほしい。

---

4. From all of you, I have asked patience in the hard task of securing America, which you have granted in good measure. Our country has accepted obligations that are difficult to fulfill, and would be dishonorable to abandon. Yet because we have acted in the great liberating tradition of this nation, tens of millions have achieved their freedom. And as hope kindles hope, millions more will find it. By our efforts, we have lit a fire as well — a fire in the minds of men. It warms those who feel its power, it burns those who fight its progress, and one day this untamed fire of freedom will reach the darkest corners of our world.

    アメリカの安全を確保するという困難な任務に関し、私は国民の皆さんに忍耐を求めました。そして皆さんはそれに十分応えてくれてました。米国は遂行が困難でしかも放棄すれば不名誉となる義務を引き受けました。しかし、私たちが解放者としての米国の伝統に従い行動したことで、これまでに何千万という人々が自由を獲得することができました。そして希望が希望を生むように、さらに何百万もの人々が自由を見出すことになるでしょう。また、私たちの努力で人々の心に火もともしました。その火は、その力を感じる人々を暖め、その広がりを阻止する人々を焼き焦がし、そしていつの日か、鎮めることのできないこの自由の火は、世界の最も暗い片隅にまで届くでしょう。

---

5. In America's ideal of freedom, citizens find the dignity and security of economic independence, instead of laboring on the edge of subsistence. This is the broader definition of liberty that motivated the Homestead Act, the Social Security Act, and the G.I. Bill of Rights. And now we will extend this vision by reforming great institutions to serve the needs of our time. To give every American a stake in the promise and future of our country, we will bring the highest standards to our schools, and build an ownership society. We will widen the ownership of homes and businesses, retirement savings and health insurance — preparing our people for the challenges of life in a free society. By making every citizen an agent of his or her own destiny, we will give our fellow Americans greater freedom from want and fear,

and make our society more prosperous and just and equal.

In America's ideal of freedom, the public interest depends on private character — on integrity, and tolerance toward others, and the rule of conscience in our own lives. Self-government relies, in the end, on the governing of the self. That edifice of character is built in families, supported by communities with standards, and sustained in our national life by the truths of Sinai, the Sermon on the Mount, the words of the Koran, and the varied faiths of our people. Americans move forward in every generation by reaffirming all that is good and true that came before — ideals of justice and conduct that are the same yesterday, today, and forever.

In America's ideal of freedom, the exercise of rights is ennobled by service, and mercy, and a heart for the weak. Liberty for all does not mean independence from one another. Our nation relies on men and women who look after a neighbor and surround the lost with love. Americans, at our best, value the life we see in one another, and must always remember that even the unwanted have worth. And our country must abandon all the habits of racism, because we cannot carry the message of freedom and the baggage of bigotry at the same time.

アメリカが理想とする自由において、国民は必要最低限の生活のために働くのではなく、経済的自立の尊厳と安心を見出します。これは広義の自由で、ホームステッド法（自営農地法）、社会保障法、および復員軍人援護法の成立を促しました。そして今、時代のニーズに応えるため、偉大な制度を改革し、このビジョンを拡大します。この国が約束する将来にすべてのアメリカ人が配当を受けられるよう、学校の基準を最高レベルに引き上げ、所有者社会を築きあげます。私たちは、家や事業、定年後の貯蓄、健康保険などの所有を拡大し、アメリカの国民を自由社会における生活の課題に備えさせます。国民各人が自らの運命に責任を持つようにすることで、アメリカ国民の皆さんに貧困と恐怖からのより大きな自由を提供し、私たちの社会のさらなる繁栄と、公正と、平等をもたらします。

アメリカが理想とする自由において、公共利益は個人の性格によって決まります。それは、高潔さ、他人への寛大さ、そして自らの生活における良心の規則などです。結局、自治は自己の治め方にかかっているのです。その性格の体系は家庭で築かれ、地域社会の基準によって支えられるものです。また、それは、シナイの真実、山上の垂訓、コーランの言葉、および米国民の様々な信仰により、国民生活の中で維持されます。アメリカ人はどの世代においても、それまで善と真実とされてきたものすべてを再確認しながら前進しています。それらは、過去、現在、そして永遠に変わることのない正義と行為の理想です。

アメリカが理想とする自由において、権利の行使は、弱者への奉仕、慈悲、および思いやりの心によって気高いものとなります。万民のための自由は、互いからの独立を意味するものではありません。米国は隣人を世話し、迷える者を愛で包み込む人たちを頼りにしています。最良のアメリカ人は、互いの命を尊重し、望まれない者でさえも価値があることを決して忘れてはなりません。そして、米国はあらゆる人種差別の習慣を放棄しなければなりません。なぜなら、私たちは偏狭な考えという重荷と自由のメッセージを同時に携えることはできないからです。

6. To make our economy stronger and more dynamic, we must prepare a rising generation to fill the jobs of the 21st century. Under the No Child Left Behind Act, standards are higher, test scores are on the rise, and we're closing the achievement gap for minority students. Now we must demand better results from our high schools, so every high school diploma is a ticket to success. We will help an additional 200,000 workers to get training for a better career, by reforming our job training system and strengthening America's community colleges. And we'll make it easier for Americans to afford a college education, by increasing the size of Pell Grants.

To make our economy stronger and more competitive, America must reward, not punish, the efforts and dreams of entrepreneurs. Small business is the path of advancement, especially for women and minorities, so we must free small businesses from needless regulation and protect honest job-creators from junk lawsuits. Justice is distorted, and our economy is held back by irresponsible class-actions and frivolous asbestos claims — and I urge Congress to pass legal reforms this year.

To make our economy stronger and more productive, we must make health care more affordable, and give families greater access to good coverage and more control over their health decisions. I ask Congress to move forward on a comprehensive health care agenda with tax credits to help low-income workers buy insurance, a community health center in every poor county, improved information technology to prevent medical error and needless costs, association health plans for small businesses and their employees, expanded health savings accounts and medical liability reform that will reduce health care costs and make sure patients have the doctors and care they need.

わが国の経済をもっと強固に、そして活発にするため、次世代の人々が21世紀の

課題を果たせるようにしておかなければなりません。教育改革法の下、(教育)水準は向上し、試験の成績も上昇傾向にあり、少数民族の学生の学力の格差も縮小してきています。次は、高校で結果を出さなければなりません。すべての高校の卒業証書が成功への切符になるくらいに。職業訓練制度を改革し、コミュニティカレッジを強化して、キャリアアップのための訓練が受けられるよう、さらに20万人の人々を支援します。また、国民がもっと容易に大学教育を受けられるようPell Grant奨学金の規模を拡大します。

わが国の経済をもっと強固にし、そして競争力を高めるため、国は企業家の努力や夢を、罰するのではなく、報いるようにしなければなりません。小規模な商売もいずれ大きく発展するための一歩なのです。女性や少数民族にとっては特にそうでしょう。ですから、中小企業に対して不必要な規制を撤廃し、誠実な雇用創出者を無意味な訴訟から保護しなければなりません。無責任な集団訴訟やアスベストに対する根拠のない苦情によって、正義を歪められ、経済の発展が妨げられています。私は、今年、法改正を議会に求めるつもりです。

わが国の経済をもっと強固にし、そして生産性を高めるため、医療費を下げ、健康保険の保証範囲を広げ、各個人がもっと自由に医療を選べるようにしなければなりません。議会には、次の問題に取り組むようお願いしたい。低所得者が保険に入りやすくするための税控除を合わせた包括的な医療問題、貧困層の多い郡への地域医療センターの建設、医療ミスや不要な出費をなくすための情報技術の向上、中小企業とその従業員のための組合健康保険、医療貯蓄口座の拡大と医療債務の改革。これらによって医療費は削減され、皆が医者にかかり必要な医療を受けられるようになるでしょう。

---

7. At this second gathering, our duties are defined not by the words I use, but by the history we have seen together. For a half century, America defended our own freedom by standing watch on distant borders. After the shipwreck of communism came years of relative quiet, years of repose, years of sabbatical — and then there came a day of fire.

　この2度目の就任式において、私たちの義務を明確にするのは、私が使う言葉ではなく、私たちが共に見てきた歴史です。半世紀にわたりアメリカは、遠い国境を見守ることで、私たちの自由を守ってきました。共産主義の崩壊後、比較的静かで落ち着いた安息の年月が訪れました。そして、炎の日がやってきたのです。

---

8. To promote peace and stability in the broader Middle East, the United States will work with our friends in the region to fight the common threat of terror, while we encourage a higher standard of freedom. Hopeful reform is already taking hold in an arc from Morocco to

Jordan to Bahrain. The government of Saudi Arabia can demonstrate its leadership in the region by expanding the role of its people in determining their future. And the great and proud nation of Egypt, which showed the way toward peace in the Middle East, can now show the way toward democracy in the Middle East.

To promote peace in the broader Middle East, we must confront regimes that continue to harbor terrorists and pursue weapons of mass murder. Syria still allows its territory, and parts of Lebanon, to be used by terrorists who seek to destroy every chance of peace in the region. You have passed, and we are applying, the Syrian Accountability Act — and we expect the Syrian government to end all support for terror and open the door to freedom. Today, Iran remains the world's primary state sponsor of terror — pursuing nuclear weapons while depriving its people of the freedom they seek and deserve. We are working with European allies to make clear to the Iranian regime that it must give up its uranium enrichment program and any plutonium reprocessing, and end its support for terror. And to the Iranian people, I say tonight: As you stand for your own liberty, America stands with you.

中東のより広い地域での平和と安定を促進するため、合衆国は、より水準の高い自由を促進すると同時に、中東における友好国と一緒に、我々に共通するテロの脅威と闘います。将来有望な改革は、モロッコ、ヨルダン、バーレーンですでに確固たるものになりつつあります。サウジアラビア政府は、中東の将来のあり方を決める上で自国の国民の役割を拡大することでリーダーシップを発揮することができます。中東における平和への道筋を示した偉大で誇り高い国エジプトは、今度は、中東における民主主義への道筋を示すことができるのです。

中東のより広い地域での平和を促進するため、私たちはテロリストをかくまい大量破壊兵器を求める政権に立ち向かわなければなりません。シリアは、依然として、中東の平和の芽をことごとくつぶそうとするテロリストが自国の領土やレバノンの一部で活動することを許しています。議会の皆さんが可決したシリア説明責任法を、私たちがこれから実効させます。そうすれば、シリア政府はテロへの支援をいっさいやめて自由への扉を開いてくれるものと期待しています。現在、イランは依然として世界最大のテロ支援国です。国民が享受すべき自由を奪う一方で核兵器を求めています。私たちはヨーロッパの同盟諸国と協力して、イラン政権に対して、ウラン濃縮プログラムやプルトニウムの再処理を断念し、テロの支援を止めなければならないことを明確に提示します。そして、イラン国民に対して、私はこう言いたい。あなた方があなた方自身の自由のために立ち上がるなら、アメリカはあなた方を支持します。

9. As Franklin Roosevelt once reminded Americans, "Each age is a dream that is dying, or one that is coming to birth." And we live in the country where the biggest dreams are born. The abolition of slavery was only a dream — until it was fulfilled. The liberation of Europe from fascism was only a dream — until it was achieved. The fall of imperial communism was only a dream — until, one day, it was accomplished. Our generation has dreams of its own, and we also go forward with confidence. The road of Providence is uneven and unpredictable — yet we know where it leads: It leads to freedom.

フランクリンルーズベルトがかつてアメリカ国民に言ったように、「ひとつの時代とは消えていく夢かあるいは新たに生まれくる夢である」私たちは大きな夢が生まれる国に生きています。奴隷制度の廃止は、実現するまでは単なる夢でした。ヨーロッパのファシズムからの解放も、実現するまでは単なる夢でした。共産主義帝国の崩壊も、あるとき、実現するまでは単なる夢でした。私たちの世代も自分たちの夢を持っています。そして自信を持って前に進んでいきます。神の意思に沿う道は険しく予測ができません。しかし、私たちはその道がどこに続くのかを知っています。その道は自由へと続くのです。

1. ①anaphora（下線部分） ②antithesis（イタリック部分）
<u>Let us never</u> negotiate out of *fear*, but <u>let us never</u> fear to *negotiate*.

John F Kennedyの有名な就任演説からの文です。これはanaphoraとantithesisが組み合わさっています。Let us never 〜 let us neverと同じスタイルが続きますが、neverの後の内容が対比になっています。

2. anaphora（下線部分）
<u>Let both sides</u> explore what problems unite us instead of belaboring those problems which divide us.
<u>Let both sides</u>, for the first time, formulate serious and precise proposals for the inspection and control of arms, and bring the absolute power to destroy other nations under the absolute control of all nations.
<u>Let both sides</u> seek to invoke the wonders of science instead of its ter-

rors. Together let us explore the stars, conquer the deserts, eradicate disease, tap the ocean depths, and encourage the arts and commerce.

<u>Let both sides</u> unite to heed, in all corners of the earth, the command of Isaiah — to "undo the heavy burdens, and [to] let the oppressed go free."

　同じJohn F Kennedyの就任演説からです。これはLet both sidesですべての文が始まるanaphoraですね。このように繰り返し同じスタイルを続けることで、よりインパクトが増します。そして文のリズムも出てきます。

3. antithesis（イタリック部分）

　And so, *my fellow Americans, ask not what your country can do for you; ask what you can do for your country.*

　My fellow citizens of the world, ask not what America will do for you, but what together we can do for the freedom of man.

　これも同じJohn F Kennedyの就任演説ですが、これは、米国民以外の人もよく知っている一節です。日本の新聞などにもたびたび引用されますね。1行目と2行目が典型的なantithesisです。

4. metaphor（ゴシックの部分）

　From all of you, I have asked patience in the hard task of securing America, which you have granted in good measure. Our country has accepted obligations that are difficult to fulfill, and would be dishonorable to abandon. Yet because we have acted in the great liberating tradition of this nation, tens of millions have achieved their freedom. And as **hope kindles hope**, millions more will find it. By our efforts, we **have lit a fire** as well — **a fire in the minds of men**. It **warms** those who feel its power, it **burns** those who fight its progress, and one day **this untamed fire of freedom** will **reach the darkest corners** of our world.

　これはBush大統領が2005年1月に行った2期目の就任演説の一節です。このパラグラフはmetaphorがいっぱいです。

5. ①anaphora（下線） ②metaphor（ゴシックの部分） ③metonymy（ゴシックでイタリックの部分）

<u>In America's ideal of freedom</u>, citizens find the dignity and security of economic independence, instead of laboring on the edge of subsistence. This is the broader definition of liberty that motivated the Homestead Act, the Social Security Act, and the G.I. Bill of Rights. And now we will extend this vision by reforming great institutions to serve the needs of our time. To give every American **a stake in the promise and future** of our country, we will bring the highest standards to our schools, and build an ownership society. We will widen the ownership of homes and businesses, retirement savings and health insurance — preparing our people for the challenges of life in a free society. By making every citizen **an agent of his or her own destiny**, we will give our fellow Americans greater freedom from want and fear, and make our society more prosperous and just and equal.

<u>In America's ideal of freedom</u>, the public interest depends on private character — on integrity, and tolerance toward others, and the rule of conscience in our own lives. Self-government relies, in the end, on the governing of the self. That edifice of character is built in families, supported by communities with standards, and sustained in our national life by the ***truths of Sinai, the Sermon on the Mount, the words of the Koran***, and the varied faiths of our people. Americans **move forward** in every generation by reaffirming all that is good and true that came before — ideals of justice and conduct that are **the same yesterday, today, and forever**.

<u>In America's ideal of freedom</u>, the exercise of rights is ennobled by service, and mercy, and a heart for the weak. Liberty for all does not mean independence from one another. Our nation relies on men and women who look after a neighbor and surround the lost with love. Americans, at our best, value the life we see in one another, and must always remember that even the unwanted have worth. And our country must abandon all the habits of racism, because we cannot **carry the message of freedom and the baggage of bigotry** at the same time.

　同じくBush大統領の2期目の就任演説からです。これらのパラグラフはanaphoraとmetaphorです。また、metonymyも入っています。

chapter 6

6. ①anaphora（下線部分）　②metaphor（ゴシックの部分）

<u>To make our economy stronger and more dynamic, we must</u> prepare a rising generation to fill the jobs of the 21st century. Under the No Child Left Behind Act, standards are higher, test scores are on the rise, and we're closing the achievement gap for minority students. Now we must demand better results from our high schools, so every high school diploma is **a ticket to success**. We will help an additional 200,000 workers to get training for a better career, by reforming our job training system and strengthening America's community colleges. And we'll make it easier for Americans to afford a college education, by increasing the size of Pell Grants.

<u>To make our economy stronger and more competitive, America must</u> reward, not punish, the efforts and dreams of entrepreneurs. Small business is the path of advancement, especially for women and minorities, so we must free small businesses from needless regulation and protect honest job-creators from junk lawsuits. Justice is distorted, and our economy is held back by irresponsible class-actions and frivolous asbestos claims — and I urge Congress to pass legal reforms this year.

<u>To make our economy stronger and more productive, we must</u> make health care more affordable, and give families greater access to good coverage and more control over their health decisions. I ask Congress to move forward on a comprehensive health care agenda with tax credits to help low-income workers buy insurance, a community health center in every poor county, improved information technology to prevent medical error and needless costs, association health plans for small businesses and their employees, expanded health savings accounts and medical liability reform that will reduce health care costs and make sure patients have the doctors and care they need.

2005年のBush大統領の一般教書演説です。これらのパラグラフも anaphora が効果的に使われています。To 不定詞で始めて、must の節が続きます。a ticket to success は metaphor ですね。

7. ①antithesis（イタリック部分）　②metaphor（ゴシックの部分）

At this second gathering, our duties are defined *not by the words I use, but by the history we have seen together*. For a half century, America defended our own freedom by standing watch on distant borders. After the **shipwreck** of communism came years of relative **quiet**, years of **repose**, years of **sabbatical** — and then there came **a day of fire**.

　Bush大統領の２期目の就任演説です。最初の部分はantithesis、後半はmetaphorですね。

8. anaphora（下線）
　<u>To promote peace and stability in the broader Middle East</u>, the United States will work with our friends in the region to fight the common threat of terror, while we encourage a higher standard of freedom. Hopeful reform is already taking hold in an arc from Morocco to Jordan to Bahrain. The government of Saudi Arabia can demonstrate its leadership in the region by expanding the role of its people in determining their future. And the great and proud nation of Egypt, which showed the way toward peace in the Middle East, can now show the way toward democracy in the Middle East.
　<u>To promote peace in the broader Middle East</u>, we must confront regimes that continue to harbor terrorists and pursue weapons of mass murder. Syria still allows its territory, and parts of Lebanon, to be used by terrorists who seek to destroy every chance of peace in the region. You have passed, and we are applying, the Syrian Accountability Act — and we expect the Syrian government to end all support for terror and open the door to freedom. Today, Iran remains the world's primary state sponsor of terror — pursuing nuclear weapons while depriving its people of the freedom they seek and deserve. We are working with European allies to make clear to the Iranian regime that it must give up its uranium enrichment program and any plutonium reprocessing, and end its support for terror. And to the Iranian people, I say tonight: As you stand for your own liberty, America stands with you

　これは6.と同じ2005年の一般教書演説です。To不定詞で始まるanaphoraですね。

9. ①anaphora（下線）　②metaphor（ゴシックの部分）
　As Franklin Roosevelt once reminded Americans, **"Each age is a dream that is dying, or one that is coming to birth."** And we live in the country where the biggest dreams are born. The abolition of slavery

was <u>only a dream — until it was fulfilled</u>. The liberation of Europe from fascism was <u>only a dream — until it was achieved</u>. The fall of imperial communism was <u>only a dream — until</u>, one day, <u>it was accomplished</u>. Our generation has dreams of its own, and we also go forward with confidence. **The road of Providence** is uneven and unpredictable — yet we know where it leads: It leads to freedom.

　同じ 2005 年の一般教書演説の最後の締めの部分です。metaphor と anaphora があります。

---

11. 代名詞

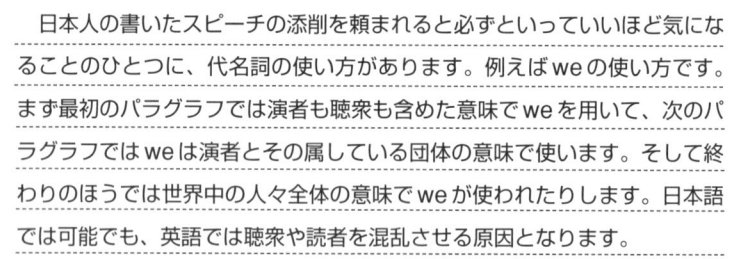

　日本人の書いたスピーチの添削を頼まれると必ずといっていいほど気になることのひとつに、代名詞の使い方があります。例えば we の使い方です。まず最初のパラグラフでは演者も聴衆も含めた意味で we を用いて、次のパラグラフでは we は演者とその属している団体の意味で使います。そして終わりのほうでは世界中の人々全体の意味で we が使われたりします。日本語では可能でも、英語では聴衆や読者を混乱させる原因となります。

　英語でスピーチやエッセイなどを作成する際には、第一パラグラフで用いた we の意味を最後まで変えないで一貫性をもたせるようにしなければなりません。they などについても同様です。むしろ可能な限り代名詞ではなく名詞を言い換えるなどして用いるほうが誤解を招きません。

Don't 例文集

現在市販されている英文ライティング、レター関連の本の中で、**不適切、不自然な例文**を集めてみました。参考にするだけではなく、力試しにも活用してください。

1. **Many thanks for your offer.**
   仕事文に many thanks はカジュアルすぎます。

2. **Please advise us the offering price, delivery and payment terms.**
   advise（知らせる・通知する）は、かなり昔の古臭い言い方です。

3. **Would you kindly quote your best price?**
   これも仮定法などで言う必要性はありません。しかもこちらから best price を quote しろとは言いません。

4. **We have done business with the company for three years.**
   have done の部分が punctual で for three years が durative と、時の相が不一致です。

5. **There will be a big demand for single malt whisky.**
   demand が需要の意味の場合、絶対に数えません。無冠詞です。

6. **Please find attached note for your order.**
   Please find も、advise と同じく古臭い言い方です。

7. **I am writing to you about my order, which has not been received yet.**
   which 以下が意味不明です。

8. **Thank you for informing us of the delay of shipment.**
   delay of の後は、どのくらいの遅れかという時間を表す語句がきます。「〜が遅れる」という場合は in です。

9. **We will comply with cancel of the order.**
   comply with ではなく、accept です。

177

> Don't 例文集

10. We kindly ask you to research the matter and reply soon.
このような場合はresearchではなくcheck outです。

11. At first sight, we don't understand any difference.
sightとunderstandが対応しません。

12. Your continued patronage is greatly appreciated.
この手の決まり文句はそろそろやめましょう。

13. We hasten to reply to your e-mail message dated Feb.1
hasten to 〜と現在形で、普遍論になっています。また、このような句は要りません。

14. We are sorry to disappoint you, but we would like you to understand.
失望させるのがいやなら言わないことです。

15. I'd appreciate it if you could send me.
この手の仮定法は本文でも述べた通り使わないようにしましょう。

16. Does the price include travel, hotel and food?
travelとfoodはまだわかりますが、hotelは英語では意味不明です。

17. Would you please let us have your summer brochure for Mediterranean tours.
こんなにへりくだらなくてもsendで済みます。

18. We can let you have regular orders.
canとletで、かなり相手に恩着せがましく響きます。

19. I would like to thank you for your inquiry of July 1.
thankするときに仮定法は使いません。

20. Please contact us if you would like any further information.
命令文＋if節は条件文なのでifの後は現在形にします。

21. We would like to urge you to place an order as soon as possible.
urgeはかなり強い語なので、それと一緒にwould like toという仮定法を用いるのは不自然です。

Don't 例文集

22. We are pleased to submit our lowest prices.
    be pleased to は、偉そうに響きます。

23. Kindly remember: this offer expires on March 31.
    kindly は要りません。

24. We are pleased to receive your inquiry.
    be pleased to は、22 に同じ。

25. Our prices are understood to be for surface transport.
    are understood to 〜 は意味不明です。

26. Our quotation reflects the furthest effort we could make in regard to prices.
    the furthest effort we could make とは言いません。

27. Your understanding and cooperation in this regard will be very much appreciated.
    12 と同じく、この手の表現もそろそろやめましょう。

28. Your full understanding would be most appreciated.
    これも古臭い表現です。

29. May we look forward to hearing from you soon?
    May 〜 と疑問文にすることはありません。

30. With reference to your quotation of Feb 1, we would like to place a firm order.
    firm は要りません。

31. Please send us the undermentioned goods
    undermentioned とは言いません。

32. As the product is urgently required, I should be grateful for delivery by the end of March.
    should be grateful とは言いません。

| Don't 例文集 |

33. It is essential that the goods are delivered before Christmas.
　It is essential that の形はやめましょう。

34. I should be grateful if you would confirm receipt of this by return.
　would (should) be grateful if you would ～ の仮定法は使いません。by return が意味不明です。

35. Immediately when we have received your advice, we will send the money.
　Immediately when ～ とは言いません。when だけで十分です。

36. We are pleased to acknowledge your order.
　注文を受けて、be pleased to ～ はお客に対して偉そうに響きます。

37. If this is not suitable, I should be obliged if you could telephone as soon as possible.
　should be obliged if you could の形は現在では使いません。

38. We have all the items in stock and will be advising you in the near future.
　1つの文に、現在形と未来形という異なる時制は一緒に入れません。advise は古い言い回しです。

39. We would only be prepared to supply on a cash basis.
　would の仮定法は用いません。be prepared to supply とは言いません。supply だけで十分です。

40. I regret that we have to turn down your order.
　I と we で、主体が一致していません。regret については p.101 参照。

41. You should contact us immediately if any problems arise.
　should はかなり強い強制的な言い回しです。客に対しては失礼です。命令文を使いましょう。

Don't例文集

42. We would appreciate it if you would advise us when the goods will be shipped and are likely to reach Tokyo.

would appreciate it if you wouldの仮定法は使いません。adviseも前述の通り。be likely to ～ は意味不明です。

---

43. I think there is a mistake in your invoice.

I thinkは要りません。また、invoiceはmistakeではなくerrorを用います。

---

44. If you need references, we will be only too glad to supply them.

too glad to supplyだと、supplyしない感じになります。また、gladはrelieved（安堵感）のニュアンスなので、意味不明になります。

---

45. We think that sufficient time has elapsed for us to be allowed the terms we have requested.

We think thatは不要です。sufficient timeは意味があいまいです。to be allowed the terms以下、文の意味が不明です。

---

46. We should like to ask you to contact us if you need anything.

should like to ～ とは言いません。contactで始める命令文を用います。

---

47. Thank you for your custom and please write again.

Thank you for your customは、イギリスの英文レターの決まり文句ですが、現在はあまり使われません。

---

48. Undoubtedly, something has prevented your payment in full.

undoubtedlyなど、この手の副詞は不要です。

---

49. It is no doubt through an oversight on your part that settlement is two months overdue.

no doubtは要りません。

---

50. Should our letters have crossed in the mail, please ignore this letter.

should + have crossedで、仮定法過去完了になってしまいます。If + 現在完了の条件節にします。

| Don't 例文集

51. We would be very sorry to have to take such a step after a long and friendly connection with your firm.
    wouldの仮定法は要りません。connectionはあまりよい響きの語ではありません。

52. I hope this will in no way hinder the friendly relation with you that we have enjoyed for a long time.
    in no wayも堅い言い方です。relationはrelationsと複数形にするか、relationshipを用います。

53. I am sorry to tell you that we will not be able to meet our bill due on March 31.
    billが「勘定」ではなく「手形」の意味の場合は、動詞にmeetを使う場合もありますが、通常はpayのほうが自然です。

54. We know you will appreciate the situation and hope you can bear with us until the matter is settled.
    appreciate the situationとは言いません。bear with ～ は、講演などで出演者が聴衆に「最後までおつき合いください」と言う場合に用います。

55. I would be most grateful if you could help us in this matter.
    would be most grateful if you couldの仮定法は使いません。

56. We are prepared to allow you a postponement of payment.
    be prepared to ～ は要りません。

57. We are happy to extend your account another month.
    extend ～ for + 期間、の形で用います。

58. We look forward to your dealing with these questions without delay.
    deal withは「対処する」という意味でquestionに用いるのは不自然です。

59. Would you please inform us of the possibility of dealing with us by return?
    deal with (us)は「（弊社と）取引をする」という意味ではありません。

60. Please see to it that these errors are rectified.
    rectifyは、かなり堅い語なのでcorrectを用いましょう。

Don't例文集

61. While we cannot give you an explanation at present, we can promise you that we are looking into the matter and will write to you again shortly.
promiseにcanはつけません。

62. We very much regret having given you cause for complaint.
cause for complaintなどと言うより、もう少し具体的に言及しましょう。また、cause for complaintなどと言われると、苦情を述べたほうが悪いような感じもします。

63. Since the delay is beyond our control, we cannot assume any liability.
delayはすでに起こってしまったことなので、assumeではなくadmitやacceptをliabilityに用います。assumeはこれから先のことに用います。

64. We would remind you to consider it as confidential.
wouldの仮定法は内容が弱くなります。機密事項なので、もっと直接的に述べます。また、considerでは「考える」だけなので、動詞にはhandleやtreatなどを使うほうが適切です。

65. Please treat this information in confidence.
in confidenceではなく、confidentialです。in confidenceの場合はin one's confidenceとなります。

66. Please would you allow us a little time to consider the matter?
allowではなく、giveを用います。

67. Our products carry a one-year guarantee.
製品などの保証は通常はguaranteeではなくwarrantyを用います。

68. We will replace any faulty items carrlage paid.
carriageは送料のことですが、現在ではこの形で用いません。

69. The contract will be from Jan 1 for one year.
contractはbe fromという言い方より、will expire on 〜 を用いていつまでかを表すほうが自然です。

| Don't 例文集 |

70. **We promise our customers a full after-sales service.**
    after-sales service は不可算名詞です。冠詞はつきません。

71. **Please allow me to apologize for my oversight in not realizing I had a debit balance on my current account.**
    謝るのに Please allow me to ～ は要りません。また、oversight の後ろに、このように内容は続けません。2文で表現します。

72. **Would you please arrange for Mr. Itoh to be met at Narita?**
    Mr. Itoh to be met の意味が不明です。

73. **Could we see each other for an hour on Friday at four?**
    we see each other というよりは、Could I see you のほうが自然です。

74. **Allow me to begin by thanking you for the fine arrangements you have made for us over the years.**
    感謝を述べるのに、allow me to begin by は要りません。もっとストレートに言いましょう。

75. **Would you book a ticket to be sent to me in the name of Mr. Peter Clermont for Narita-Beijing?**
    book a ticket の後に、このように不定詞はこれません。2つの文で述べます。

76. **I'd like to reserve a single room with bath and breakfast.**
    客側がするのは reserve ではなく book です。reserve はホテル側がします。

77. **If you agree to give me an interview, I can come any afternoon.**
    agree to は要りません。

78. **If news of any openings should come to your attention, I would certainly appreciate your getting in touch with me.**
    If ～ should は、「万が一～」という意味で、この文では不自然です。また come to your attention などとは言わずに、「空きがあれば」と言えばよいのです。後半の文も appreciate とフォーマルの割には get in touch というカジュアルな表現が混在しています。

Don't 例文集

79. **I hope that I may be granted an interview.**
    hope の節には may ではなく will を使います。また、interview に grant は大げさです。

80. **We want you to know that we appreciate the pains you have taken to prepare and send your resume and references to us.**
    履歴書や推薦状を送るのに the pains you ～ は大げさです。

81. **Please change our address on your records.**
    これは引越しのあいさつでよく見かける文ですが、余計なお世話です。削除しましょう。

82. **It has been decided that I will return to Tokyo and a new manager will be sent in my place.**
    It has been decided that の部分は要りません。また、a new manager としないで実際の名前を述べます。

83. **The help would certainly be appreciated and reciprocated if the opportunity arises.**
    これもずいぶん古臭い言い回しです。

84. **I hope this letter finds you as healthy and as devoted to your work as ever.**
    find ～ も昔風の言い回しです。また、devoted to your work は不自然です。

85. **We would like to advise you to look elsewhere.**
    would like to advise は慇懃無礼に響きます。

86. **Anything you can do would be deeply appreciated.**
    Anything you can do とカジュアルに始めているのに、would be deeply appreciated とフォーマルに終わるのは不自然です。

87. **We will be most grateful for your consideration.**
    be (most) grateful for your consideration も現在はほとんど使われません。

88. **He was inclined to be late for duty on a number of occasions.**
    勤務評定などでは、late ではなく tardy を用います。tardy for work です。

Don't 例文集

89. **Anything you could do to make her visit more fruitful would be very much appreciated.**
Anything you 〜 の型と後半のミスマッチは86と同様です。また、日本人が好きなfruitfulは意味があいまいです。使わないほうが無難です。

90. **I do hope you will understand the reasons preventing my attendance.**
気持ちはわかりますが、出席できないことに変わりはないので、先方が理解するしないの問題ではありません。このような文は要りません。

91. **Thank you for the thoughtful invitation to dinner on March 1.**
invitationにthoughtfulは要りません。

92. **Although we realize you are busy, we hope that you can find time to accept the invitation.**
日本的な考え方なのでしょうが、英語にすると、忙しいとわかっているなら招待するなということになるので、Although 〜 の部分は要りません。

93. **I certainly won't forget the personal contacts I had during my short stay.**
personal contactsはひわいな意味にもとられるのでやめましょう。

94. **It was most kind of you to give the benefit of your experience.**
give the benefit of your experienceは意味不明です。

95. **It was indeed an unforeseen pleasure to be able to meet someone like you at the party.**
unforeseen pleasureは意味不明です。

96. **I look forward to thanking you personally when you come to Tokyo in May.**
自分が感謝することをlook forwardというのは不自然です。

97. **Please accept our warmest thanks.**
accept 〜 という少しフォーマルな表現の後ろにthanksは不自然です。thanksは仕事文ではなく友人との間にとどめましょう。

Don't 例文集

98. I was deeply distressed to hear of the sudden death of Mr. Taro Nippon.

お悔やみに distressed は用いません。

99. We can fully appreciate how deeply you must feel her loss.

お悔やみの場合に、「相手の悲しみがわかる」などと述べてはいけません。本人にしかわかりません。

100. With gratitude we recall her unfailing kindness.

with gratitude と recall のつながりが不自然です。

---

11. 最後に

最後に、皆さんに Mark Twain の言葉を贈ります。

I notice that you use plain, simple language, short words and brief sentences. That is the way to write English — it is the modern way and the best way. Stick to it; don't let fluff and flowers and verbosity creep in. When you catch an adjective, kill it. No, I don't mean utterly, but kill most of them — then the rest will be valuable. They weaken when they are close together. They give strength when they are wide apart. An adjective habit, or a wordy, diffuse, flowery habit, once fastened upon a person, is as hard to get rid of as any other vice. (簡単明瞭な言葉や短い単語、短い文を使うのが、英語を書くときの基本です。それが今様であり、一番良い方法です。常にこのことを心掛け、意味のない語やよけいな修飾語をつい使ったりすることのないよう気をつけてください。形容詞を見つけたら、削除してください。もちろん、形容詞はすべて使うなというのではなく、なるべく排除するということです。そうすれば使った形容詞が生きてきます。形容詞はたくさん使うと弱くなります。たまに使うと力を発揮します。形容詞を使ったり、長々と美辞麗句を並べることがいったん癖になると、なかなか直しにくいものです)

復習のための例文集

最後に、全体を復習するための例文を収録しました。ポイントをつかみやすいように短い英文にしているので、日本語を見て英語がすぐ出てくるようになるくらいまで、繰り返し覚えてください。必ず役に立つことを保証します。

chapter 1　書き始める

1. そこまで歩いていけますか。
2. 私の荷物が見つからないのですが。
3. 咳がとまらないんです。
4. 荷物を預かっていただけますか。
5. 私はこの時計を母からもらった。
6. お客様の苦情はただいま調査中です。
7. お客様の苦情は処理中です。
8. 私は医者に酒をとめられている。
9. その道路は補修中だ。

chapter 2　文章の書き方 ── 文法的アプローチ

10. 締め切りに間に合わせるために週末も働かなければならない。
11. ケントは西部の大学、姉［妹］は東部の大学に行っている。
12. パイは、父と母と姉［妹］と私で分けた。
13. 私は、赤、緑、黄、紫、青、白のシャツを持っている。
14. 主人はおおらかで明るい人です。
15. しかし、両親はどうしても彼に家にいてほしいと言った。
16. ケリー、お願いがあるんだけど。
17. 「解散」と先生が言った。
18. ポール・リベラは、ご存知のように国民的英雄である。

chapter 1　書き始める

1. Is it a walking distance?
2. My baggage is missing.
3. I have a very bad cough.
4. Can I check my baggage?
5. I got this watch from my mother.
6. We are investigating your complaint.
7. Your complaint is in process.
8. The doctor tells me not to drink.
9. The road has been under repair.

chapter 2　文章の書き方 ── 文法的アプローチ

10. To meet the deadline, I have to work over the weekend.
11. Kent goes to college in the west, and his sister goes to college in the east.
12. The pie was shared by my father, mother, sister(,) and me.
13. I have red, green, yellow, purple, blue, and white shirts.
14. My husband is an easy-going, happy person.
15. His parents, however, insisted that he stay home.
16. Kelly, do me a favor.
17. The teacher said, "Dismissed."
18. Paul Revere, as you may know, is a national hero.

19. 明日雨だったら家にいる。
20. 僕は誕生日にテレビゲームとデジタルカメラと自転車が欲しい。

21. 私は犬が好きだが飼えない。
20. トムは15対10、15対9、15対13で、3勝した。

23. 関係各位
24. 午前10時15分に会議がある。
25. 約束は次の月曜日に延期になったので、私はそれまでジョンに会えない。

26. ぎりぎりになって旅行のプランを変更した。
27. あれがリックとデボラの家だ。
28. 彼らは法律上、準公務員とみなされる。
29. 憲法では自己負罪に対して保護措置が定められている。
30. 彼の成績はAが2つある。
31. 男の子は911に電話したが、誰も出なかった。
32. 私がほしいのは、ピザ1切れとグリーンサラダを少し。
33. 試験の成績を上げるためには、勉強して、十分に睡眠をとって、ちゃんと朝食をとること。
34. 妻は中国に行きたいが、私はイタリアに行きたい。
35. 雨が降っていたので昨日は家にいた。
36. 家に帰ったら電話するよ。
37. アメリカの経済はよくなってきているが、一方日本経済は低迷している。

38. アメリカの経済はよくなってきているが、一方日本経済は低迷している。

39. 生きるべきか死ぬべきか、それが問題だ。
40. 北海道の気候は関東より厳しい。
41. 聞いて。トムが結婚するんだって。
42. 彼女に試験のこと聞いちゃだめだよ。禁句だからね。

19. I will stay home if it rains tomorrow.
20. I want a videogame, a digital camera(,) and a bicycle for my birthday.
21. I like dogs; I can't have one.
22. Tom won his three matches with scores of 15:10; 15:9; and 15:13.
23. To whom it may concern:
24. I have a meeting at 10:15 in the morning.
25. The meeting has been postponed until next Monday; therefore, I will be unable to see John until then.
26. I made a last-minute change in my travel plans.
27. That is Rick and Debra's house.
28. They are regarded as quasi-public workers under the law.
29. The constitution protects against self-incrimination.
30. His grades have two A's.
31. The boy called 911, but the call was not answered.
32. This is what I want: a slice of pizza and a small green salad.
33. In order to do well in the exams, do the following: study, get plenty of sleep, and have a good breakfast.
34. My wife wants to go to China and I want to go to Italy.
35. As it rained yesterday, I stayed home.
36. I'll give you a call when I'm home.
37. The U.S. economy is picking up while Japan's economy is slowing down.
38. The U.S. economy has been picking up while Japan's economy has been slowing down.
39. To be, or not to be: That is a question.
40. The climate of Hokkaido is severer than that of Kanto.
41. Listen to this. Tom is going to get married.
42. Don't ask her about the exams. It's a touchy issue.

chapter 3　無駄を省く

43. あの建物は今後も観光名所であり続ける。
44. トムは仕事が遅い。
45. その仕事ができる人は少ない。
46. その候補者には強みがたくさんある。
47. このコンピュータが時代遅れである理由はいくつかある。
48. 最近の子供はコンピュータが好きだ。
49. 犬はペットに向いている。
50. 彼がコンピュータを嫌う理由はたくさんある。
51. 彼がコンピュータを嫌う理由はたくさんある。
52. 彼の考えは話半分で聞かないと。
53. 昨夜の彼の演技は可もなく不可もない演技だった。
54. そのスキャンダルは政治腐敗のほんの一部にすぎない。
55. うわさは1時間で学校中に広まった。
56. 商品は無事に到着した。
57. iPodは何千台も売れている。
58. 彼は彼女に対する申し立てを立証することができなかった。
59. あなたはこの問題の重大さがわかっていない。
60. 政府は防衛費を増やすつもりだ。
61. 住宅事業はまだ実行可能である。
62. 警察の報告が、彼の陳述が真実であることを証明した。
63. 低賃金が季節労働者たちの不満を生んだ。
64. 経済は急激に回復した。
65. 彼は、犯罪シンジケートとの関係を否定した。
66. 東京の地価は1月に急落した。
67. 建設業界はその地域で活気づいている。
68. 彼は契約をものにできなかった。
69. 若い夫婦が買えるような家はなかなかない。

chapter 3　無駄を省く

43. That building remains a tourist attraction.
44. Tom is a slow worker.
45. Few (people) can do the job.
46. The candidate has many strengths.
47. This computer is obsolete for several reasons.
48. Today's children like computers.
49. Dogs make nice pets.
50. For many reasons, he hates computers.
51. He hates computers for many reasons.
52. You don't have to take his idea very seriously.
53. His performance last night was average [just as I had expected].
54. That scandal is just a part of the political corruption.
55. The rumor swept the school in an hour.
56. The product arrived in perfect condition.
57. iPods are selling in thousands.
58. He couldn't prove his claim against her.
59. You don't grasp the seriousness of this problem.
60. The government plans to increase defense spending.
61. The housing project is still possible.
62. The police report verified his statement.
63. Low wages dissatisfied seasonal workers.
64. The economy rebounded.
65. He denied any connection with the crime syndicate.
66. Land prices in Tokyo dropped in January.
67. The construction industry is booming in the area.
68. He couldn't cut the deal.
69. Few young couples today can find houses they can afford.

chapter 4　日本人英語からの脱却

70. トムはテレビゲームをする。

71. メアリはテニスがとても得意だ。

72. ジョンは教師を6年やっている。

73. おたくの店員についてクレームがあるんですけど。

74. 彼は子供の扱いがうまい。

75. 私は会議に出られません。

76. 今週の金曜の夜、会いたいんだけど。7時ごろはどう？

77. あいにく6月19日は出張が入っております。別の日をご提案いただけますでしょうか。来週であれば大丈夫です。

chapter 5　英語ライティングの実践

78. 最新モデルについて資料をいただけますでしょうか。

79. この計画であなたのご助力をいただければ幸甚に存じます。

80. お願いがあります。

81. 御社の2006年春のカタログをお送りいただけますでしょうか。

82. 論文を仕上げるのにあと3日いただければ幸いに存じます。

83. 残念ながら、ご要望にはお応えできません。

84. 貴社ご提案で異存ありません。

85. 期限延長を承認いたします。ただし今後このようなことがないように願います。

86. 残念ながら、本製品はただいま在庫切れです。在庫になりましたらご連絡差し上げます。

87. ディナーへのご招待ありがとうございます。喜んで出席させていただきます。

88. 2006年5月4日の電話でお話した内容の要点を確認させていただきます。

chapter 4　日本人英語からの脱却

70. Tom enjoys video games.
71. Mary excels in tennis.
72. John has been a teacher for six years.
73. I would like to lodge a complaint about one of your sales clerks.
74. He handles children skillfully.
75. I will not be able to attend the meeting.
76. Let's get together and have a drink this Friday. Is seven o'clock all right with you?
77. Unfortunately, I will be out of town on June 19. I will be available next week.

chapter 5　英語ライティングの実践

78. Please give me some information on the latest model.
79. I wonder whether you could help me with this project.
80. There is something I want to ask you.
81. Please send me your 2006 Spring catalog.
82. I wonder whether you could give me three more days to complete the paper.
83. I am not able to meet the request.
84. Your counter proposal is acceptable.
85. We will give you the extension. Please make sure that this will not happen again.
86. Unfortunately, your order is out of stock. We will contact you when the item gets into stock.
87. Thank you very much for your invitation to the dinner. We are delighted to attend the dinner.
88. This is to confirm what we talked about on the phone on May 4, 2006.

89. ご購入及びお支払いについて合意した旨を確認いたします。
90. いろいろごありがとうございます。
91. ご迷惑をおかけいたしましたことをお詫び申し上げます。
92. 遅れまして申し訳ありません。
93. 貴社の中小企業向けケータリングサービスの詳細をお送りいただけますでしょうか。
    貴社の広告をビジネスケータリング3月号で拝見しました。

94. ご結婚おめでとうございます。末永くお幸せに。
95. 奥様のご逝去のお知らせを受け驚愕しております。心からお悔やみ申し上げます。

96. ご主人様のご訃報に接し、悲しみにたえません。
97. 奥様のご逝去のお知らせに心よりお悔やみ申し上げます。
98. お客様のお役に立てる機会を与えてくださいましたこと御礼申し上げます。
99. 本件につきましてご協力ありがとうございました。
100. 楽しい夏休みをお過ごしください。

89. This is to confirm our agreement on your purchase and payment.

90. Thank you for everything.

91. Please accept our apologies for this inconvenience.

92. Please accept our apologies for the delay.

93. Please send us literature on your catering services for medium-sized companies. We have seen your ad in the March issue of Business Catering.

94. Congratulations! Best wishes for a long, happy life together.

95. I was shocked and saddened to hear about your wife's death. Please accept my condolences.

96. I'm shocked and saddened to hear about your husband's death.

97. You have my deepest sympathies on your wife's death.

98. Thank you for giving us the opportunity to serve you.

99. Thank you for your cooperation in this matter.

100. Have a wonderful summer!

My Thanks
謝　辞

　本書は、2004年4月から2005年3月まで『朝日ウイークリー』に連載したコラム「通じる英文の書き方」を基に大幅に加筆・整理したものです。単行本化を快諾いただいた朝日ウイークリー編集部の和田明郎氏に記して感謝いたします。
　また、前二作同様、本書の作成にあたっては研究社出版部の佐藤陽二氏にこの場を借りて心からお礼申し上げます。私のオフィスの浪岡礼子君には、膨大な資料整理および原稿作成をしてもらいました。オツカレさまでした。

2006年春
Kelly Itoh

英語ライティング実践講座
えいご　　　　　　　　　　じっせんこうざ

2006年5月15日　初版発行
2016年2月26日　2刷発行

■著者
ケリー伊藤
©Kelly Itoh, 2006

■発行者
関戸　雅男

■発行所
株式会社　研究社
〒102-8152　東京都千代田区富士見2-11-3
電話：営業03-3288-7777（代）　編集03-3288-7711(代)
振替：00150-9-26710
http://www.kenkyusha.co.jp/

KENKYUSHA
〈検印省略〉

■印刷所
研究社印刷株式会社

■装丁
寺澤　彰二

■本文レイアウト
古正　佳緒里

ISBN4-327-45200-9 C1082　Printed in Japan